わたしは13歳、学校に行けずに花嫁になる。

未来をうばわれる2億人の女の子たち

国際NGOプラン・インターナショナル
久保田恭代＋寺田聡子＋奈良崎文乃 著

合同出版

わたしは劣っていない

わたしがほしいのは
お金や財産ではない。
山と積まれたドレスや宝石でもない。
わたしがほしいのは愛。
そして、兄や弟たちがもっているのとおなじ権利。

どうして、わたしを役立たずだと決めつけるの?
どうして、わたしを苦しめるの?
もし、少しの敬意を払ってもらえたら
もし、少しの愛を与えてくれたら
世界と向き合う勇気をもてるのに。

わたしには夢があります。
そして希望ももっています。
それをかなえるチャンスをください。
そうしたら、カルパナ・チャウラ*にもなってみせます。

わたしは人間で、痛みを感じます。
つらいときには、涙を流します。
いま、わたしの人生は闇に包まれたままです。
わたしが劣っているからですか？

わたしの身体は、わたしのものではありません。
わたしのものではない考えを押しつけられます。
「女の子にうまれたことが、お前の落ち度だ」と、人はいいます。
でも、それはわたしのせいではありません。

女の子の歴史は、ジャンシー＊＊の女王や
数々の偉業をなしとげた女性たちに彩られています。
だから、わたしは女の子であることに誇りをもてます。
わたしたちは、だれにも劣らないのです。

ソヌ、ニーハ、スワット、アンジェリ、リトゥ、ハーシュ（インドの12〜17歳の女の子たち）による合作

＊インド初の女性宇宙飛行士
＊＊インド北部の地名

もくじ

はじめに……5
第1章　世界から届いた女の子たちの物語《ストーリー》……9
第2章　「女の子だから」という理由で遭遇するこれだけの苦難……19
第3章　女の子を苦しめる4つの足かせ……39
第4章　女の子への支援が必要な4つの理由……55
第5章　世界では女の子が立ちあがっている……69
第6章　女の子を助ける男の子は、自分も幸せになる……89
第7章　世界が女の子を応援しはじめた！……103
第8章　日本の女の子のいま、そして未来は!?……121
第9章　わたしたちにできること……129
あとがきにかえて……138
世界の女の子のことを学べる本リスト……141

はじめに

みなさんは、

「女の子にうまれてきて、損をした」

「女の子で得をした」

「男の子にうまれてきて、よかった」

「男の子は損だ」

そんなことを感じたことはありますか？

いまの日本では、日常生活で性別による差別を感じることは、そんなにはないかもしれません。

しかし、世界の国ぐにを見渡してみると、性別によって人生を大きく左右されてしまう子どもたちがたくさんいます。

「学校に通わせてもらえない」

「13歳で自分の何倍もの年齢の人と結婚させられる」

「自由な外出を許されない」

その理由は、「女の子だから」です。そうした国ぐにでは、女の子にうまれてきただけで、さまざまな差別や制約を受けてしまうのです。

わたしたち＊は、この「女の子だから」の後にくる言葉を、たとえばつぎのようにかえたいと、世界中で活動しています。

「自由な発想でしごとができる」

「家族の健康を守ることができる」

「自分で自分の人生を切りひらいていける」

女の子は、男の子とおなじようにすばらしい可能性を秘めているからです。

わたしたちプラン・インターナショナルとは

お話をはじめる前に、わたしたちの紹介をしておきましょう。

国際ＮＧＯプラン・インターナショナルは、約80年の歴史をもっています。１９３７年のスペイン内戦中に、戦災孤児を救うための施設＊がイギリス人ジャーナリストによって設立されました。フォスター・ペアレンツ・プランと名づけられたため、その後はプランと呼ばれてきました。

＊わたしたち：国際ＮＧＯプラン・インターナショナル。

＊戦災孤児を救うための施設：「スペインの子どものためのフォスター・ペアレンツ・プラン」

ナチス・ドイツの支配を逃れてイギリスで活動

さて、戦災孤児を救うための活動をはじめたプランは、第二次世界大戦中には、フランス、イギリスと拠点を移しながら、あらゆる国籍・人種の子どもに支援の手を広げました。戦争が終わるとアジア、アフリカ、中南米の途上国へと活動を広げ、一方では、こうした活動を支える支援国と呼ばれる国ぐにが、1980年代にヨーロッパを中心に誕生しました。日本では1983年に活動をはじめています。

プランの活動の目標をひと言でいえば、「人びとの権利と尊厳が守られ、すべての子どもたちが最大限に能力を発揮できる世界の実現」です。これを目標に、教育、保健、子どもの保護など8つの分野で活動しています。その活動の指針となるのは、「子どもの権利条約*」です。そして、プランの活動の手法は、「子どもとともにすすめる地域開発*」と呼ばれるものです。これは、子どもたち自身が自分の抱える問題や地域の課題を、大人たちとともに解決していく手法です。プロジェクトの計画から実施、成果の測定まで子どもたちが積極的にかかわります。これによって、子どもたちは地域発展の担い手としての能力を身につけ、自立していくことができるのです。

現在では、世界51カ国で約8000万人の子どもたちと、約1億7000万

フランスの施設での夕食のようす

*子どもの権利条約（ＣＲＣ）：子ども（18歳未満）の基本的人権を国際的に保障するために定められた条約。1990年に発効、日本は1994年に批准。子どもたちの「生きる権利」「守られる権利」「育つ権利」「参加する権利」の4つを柱に、世界中の子どもたちがもつ権利が守られるべく定められた条約。

*子どもとともにすすめる地域開

人の住民がプランの活動に参加しています。そして、その活動を支えるスポンサーと呼ばれる支援者は、世界21カ国に110万人います。

プランは、子どもたちといっしょに活動するなかで、男の子よりも後回しにされがちな女の子たちが秘めている力をもっと活用することが、男の子と女の子、すべての子どもたちの貧困をなくす近道であると気づきました。そして、Because I am a Girlキャンペーンと題して、冒頭にあるように女の子たちが前進するためのお手伝いをしています。

この本には、わたしたちが世界各地で知り合った女の子たちをとりまく困難な状況が描かれています。同時に、それらを乗り越えている女の子たちの強さも描かれています。そして、世界中の女の子と男の子が協力しながら、もっと自由でもっと豊かな世界をつくるために必要な提案をしています。あなたも、世界の女の子のことを知る旅に出かけませんか。

では、ネパールの女の子の話からはじめましょう。


国際NGOプラン・インターナショナル　久保田恭代・寺田聡子・奈良崎文乃

発：プランが独自に開発した手法。子どもたちの課題を解決するプロジェクトに、当事者である子どもたちが主体的にかかわる。子どもたちが自らが直面する問題に気づき、行動することで、将来的に支援がなくとも豊かな地域を築くことができる人材育成を目指す。

子どもたちを小学校に！　と訴える子どもたち（カンボジア）

第1章
世界から届いた女の子たちの物語《ストーリー》

借金のために家事使用人として酷使された ネパールのウルミラさん

ウルミラさんは、ネパールの南西部に暮らしていますが、家は貧しい土地なし農民でした。ウルミラさんが6歳のとき、お父さんが病気になり、薬を買うために、近所の人にお金を借りました。何度もお金を返せといわれましたが、返すお金がありません。そんなとき、町から男がやってきて、「借金を肩がわりしてやろう。そのかわりに娘を連れて行く」といったそうです。

両親は、ウルミラさんを学校に通わせるという男の言葉を信じて、6歳になったばかりの娘を、40ドル（約4000円）で男に渡してしまいました。この村には、借金の肩がわりに、娘を他人の家の使用人「カムラリ」*として働きに出す慣習が根強く残っていたのです。

「わたしはまだ幼くて、何が起こっているのかわかりませんでした。家族からはなれ、カトマンズの裕福な家に連れて行かれました。わたしはそこで、つぎの日から、1日中働かされました。朝早く起きて、庭そうじをし、

＊カムラリ：親の借金を引きつがされ、強制労働させられる家事使用人。違法な児童労働の一種。いまでもネパール南西部に根強く残っている慣習。2006年には、「カムラリ」を違憲とした最高裁判決が出た。

お湯をわかして、ご主人に毎日3種類のジュースをつくりました。それから、部屋のそうじをすませ、朝ご飯の準備をしました。いつも、6、7品をつくるのは大変でした。まだ小さかったので、料理は台にあがってしなければなりませんでした。朝ご飯が終わったら、片づけ、そして洗たくです。昼ごはんの準備・片づけ、洗たくをとりこんでたたみ、すぐに夜ご飯の準備や片づけと、しごとに終わりはありませんでした」

ウルミラさんは毎日12時間、11年間もこのようなしごとを、たった1人で担わなければならなかったのです。

「わたしとおなじ年ごろのご主人の子どもが、学校に行ったり、遊んだりする一方で、わたしはかごの中の鳥のように、ただご主人の命令にしたがうしかなかったのです」

ウルミラさんは17歳のとき、はじめて里帰りを許され、出会ったプランのメンバーから「カムラリ」が違法だと聞かされ、雇い主のもとに戻ることを拒否しました。その後、プランの支援によって、学校に通うという夢がかないました。

ネパールの南西部では、プランが活動している地域でも、まだ600人も

高校に通うウルミラさん

の女の子が「カムラリ」として働かされているといわれ、女の子たちは、ときには雇い主によって、身体的・性的暴力を加えられることもあるのです。2006年には「カムラリ」を人権を無視した強制労働と判定し、違憲とした最高裁の判決が出ていますが、「カムラリ」の完全解放への道のりはまだはじまったばかりです。

早すぎる結婚から抜け出した マリのアミナタさん

アミナタさんは、西アフリカにあるマリ共和国の女の子です。首都バマコから車で3時間ほどはなれたキンタ村でうまれました。3歳でお母さんを亡くしましたが、お父さんときょうだいたちと幸せに暮らしていました。アミナタさんは、勉強がよくでき、学校の先生たちも、アミナタさんの将来に期待していました。

14歳になったある日、親戚のおじさんが知らない男の人を連れてきて、「この男の人と結婚しろ」とアミナタさんに命じました。村では、12歳を過

アミナタさん（18歳）

ぎたころから、女の子を半ば強制的に結婚させる慣習があります。アミナタさんのおばあさんもお母さんも、14歳までには結婚していたといいます。

　国際社会では子どもと定義されている18歳未満での結婚は、早すぎる結婚と呼ばれ、その背景には、貧しい家では子どもを育てたり、教育を受けさせることが大変だということがあります。また、いつか結婚して家を出ていく女の子は、できるだけ早く家から出したいという事情もあります。アミナタさんも友だちが学校を中途退学し、ときには自分のお父さんとおなじくらいの年齢の、まったく知らない人と結婚していくのをみてきました。

　女の子たちは、嫁いだ先で1日中、家のしごとに追われ、そして妊娠します。まだ幼くて、体が十分に大人になっていないときのお産は、ときに女の子と赤ちゃんの命をうばってしまいます。

　アミナタさんは、「好きでもない人と結婚するのはいや」とお父さんにいいましたが、「お前の幸せのためだ」とアミナタさんの意見を聞き入れてくれませんでした。

　アミナタさんは、村を逃げ出し、遠い首都バマコに向かいました。そして、裕福な家庭の家事使用人として朝から晩まで3年間働きつづけました。

調理するアミナタさん（手前）

「3年間はとてもつらかったけれど、わたしはまだましなほうでした。働き先で乱暴を受けたり、お金を払ってもらえなかったりする女の子はたくさんいます」

17歳になったとき、アミナタさんはうまれ育った村に戻り、約束されていた結婚をとりやめるように、お父さんたちを説得しました。そして、プランが運営する識字センターで、読み書きや計算を学ぶ機会に恵まれ、保育士になることを目指して勉強をつづけています。

巻きタバコづくりをするインドのムニさん

ムニさんは、インド東南部アンドラプラデシュ州にあるカディリという町に暮らしています。7歳のときから、巻きタバコ*づくりのしごとをしています。最初は小学校から帰った後に、お母さんのしごとを手伝う程度でしたが、12歳になると家計を助けるために中途退学して、朝から晩まで1日14時間巻きタバコづくりをしています。

＊巻きタバコ：現地では「ビーディー」と呼ばれている。

「6年生で学校をやめました。貧しくて、生活するのも大変で、わたしを学校に通わせることができなくなったからです。ほかに選択肢はなかったのです」

ムニさんとお母さんのガウシラさん（35歳）は、1日4ドル（約400円）の収入を得るために、毎日2000本のタバコを巻かなければなりません。これより本数が少なくなると、家族の食事に事欠いてしまうからです。

「ちょっとの休み時間もありません。食事を食べられないときもあります。また、トイレに行かなくてもすむように、水を飲まないようにしています。長時間おなじ姿勢ですから、足はしびれ、手も痛いです。まっすぐに座ることもきっちり立つこともできなくなってしまいました」

ムニさんは、まだ自分は幸せだと考えています。中途退学したものの、読み書きができるからです。お姉さんは、6歳ころには巻きタバコのしごとをはじめたため、遊ぶことも学校に行くこともできず、20歳になったいまでは嫁ぎ先のために、赤ちゃんを抱えて、1日何時間もタバコを巻いているのです。女性は夫にしたがう妻、子育てや家族の世話をする母親、というだけの存在であるとする価値観がこの地方に根強くあります。

ムニさん（右）

お母さんは、「ムニのダウリー*を用意するためにも、このしごとをやめることはできません」と話しています。

ダウリーは、結婚持参金の制度で、インドでは、花嫁の実家が嫁ぎ先にお金や家財道具をおくることが慣習になっています。十分な持参金を渡せない花嫁が嫁ぎ先から冷たい扱いを受け、いじめられるというできごとが頻繁に起こっています。

娘の年齢があがると、持参金の額があがる慣例があるため、貧しい家庭は持参金の額を抑えるために、できるだけ早く女の子を嫁がせたいと考え、それが早すぎる結婚につながるのです。父親の年収の4年分が目安だともいわれ、娘が何人もいると破産してしまいます。女の子がうまれることが歓迎されない理由の1つに、このダウリーがあるとされています。

ムニさんはいつか結婚して、巻きタバコのしごとをやめたいと願っていますが、「もし夫がつづけるようにいったら、そうするしかありません。でも、子どもには絶対にさせません。このような危険なしごとはわたしで終わらせなくてはならないのです」

インドでは、170万人の子どもたちがタバコ産業で働いているという公

*ダウリー：結婚持参金制度。結婚持参金が少ないという理由で、花嫁に火をつけて殺してしまうといった事件も報告されている。謝秀麗『花嫁を焼かないで――インドの花嫁持参金殺人が問いかけるもの』（明石書店、1990年）参照。

10 代の母親が赤ちゃん連れで作業。赤ちゃんへの健康被害も心配

衆衛生専門機関やＮＧＯによる調査報告があり、その大半が女の子です。タバコの葉をつむ段階から、子どもたちは皮膚をとおしてニコチンの被害*にさらされます。タバコ業界は、タバコの生産と加工を労働賃金が安い途上国に移行させているため、途上国の貧しい家庭の子どもたちが有害な環境での労働を余儀なくされています。インドの法律でも「危険な労働」として、タバコ産業での児童労働が禁止されていますが、親のしごとを手伝うばあいには、見逃されるという抜け穴があります。子どもたちを働かせてやっているんだ、という雇い主の思いこみや、女の子は家族のために働くものという考えかたが、貧しい家庭の女の子たちをタバコ産業に追いこんでいます。

するどいナイフを使うが、手袋など身体を保護するものは与えられない

＊ニコチンの被害：実態が十分に解明されていないが、子どもの成長に深刻な害を与えると指摘されている。プランは、タバコ産業にかかわる組織に、「児童労働と保護」に関する法律を厳格に施行し、責任ある行動をとるよう求めている。

第2章
「女の子だから」という理由で遭遇するこれだけの苦難

6500万人の女の子が学校に行けない現実

なぜ、途上国の子どもたちは、学校に行くことができないのでしょう？　その理由はさまざまで、国、地域によってもそれぞれ違いがあります。その理由を考える前に、子どもたちが学校に行けない状況を紹介しておきましょう。

小学校に通えない子どもは、ユネスコ*の報告書によると1999年では1億700万人いましたが、2011年には5700万人と半数近くまで減りました。また、途上国の小学校への就学率は、1999年には男の子85％、女の子78％でしたが、2011年には男の子91％、女の子89％と男女の差も改善されてきています*。

これは、とても希望がもてることです。この改善の背景には、国際社会が協調してすすめている「万人のための教育：EFA世界会議*」（1990年）と、それを目標にした「万人のための教育目標*」（2000年）、そして「ミ

＊ユネスコ（UNESCO）：国民の教育、科学、文化の協力と交流をつうじて、国際平和と人類の福祉を促進し、世界の平和と安全に貢献することを目的とした国連の教育科学文化機関。1946年設立。

＊ユネスコの報告書：出典「グローバルモニタリングレポート2014」（ユネスコ）

＊万人のための教育（EFA世界会議）：1990年にユネスコ、ユニセフ、世界銀行、国連開発計画が主催。だれもが小学校に通えること、男女の格差をなくすことを目標とした「万人のための教育宣言」「基礎的な学習ニーズを満たすための行動の枠組み」が決議された。

＊万人のための教育目標：2000年、セネガルのダカールで開催された「世界教育フォーラム」で掲げられた教育目標。女の子に特別な配慮を払い、2015年までにすべての子どもたちが無償で質の高い義務教育を受けられることなどをあげている。

レニアム開発目標：ＭＤＧｓ」*（２０００年）など、いくつかのとりくみがあります。

これらの国際的なとりくみでは、２０１５年までに世界中のすべての子どもたちが小学校に通い、読み書きができる教育環境をつくることを目標にしています。そのために、途上国の政府が教育予算を増やしたり、小学校の学費を無料にしたり、先生の養成に力を入れたり、女の子が小学校に通いやすい環境を整備してきました。

しかし、今日でも、６５００万人の女の子が小・中学校の教育を修了することができていません。サハラ砂漠より南のアフリカでは、この先10年のあいだ、農村地域の貧困層では、９００万人もの女の子が一度も学校に通うことなく生涯を終えてしまうと予測されています。女の子全員が中学校を修了できるようになるのは、あと１００年近くも先の２１１１年という試算があるほど、きびしい現実*があります。

市場でおばさんの商いを手伝う女の子（シエラレオネ）

*ミレニアム開発目標（ＭＤＧｓ）：Millenium Development Goals。２０００年に開催された国連ミレニアム・サミットで採択されたミレニアム宣言にもとづき、世界が２０１５年までに達成すべき具体的な目標として、貧困の削減、飢餓の撲滅、教育、ジェンダー、保健など８つの目標が掲げられている。

*きびしい現実：出典「グローバルモニタリングレポート２０１４」（ユネスコ）

家事労働で1日が終わってしまう

多くの女の子たちが、家事労働の重荷を背負わされ、学校に行ったり、友だちと遊んだりする時間をうばわれています。そのことが女の子たちの人生へ大きな影響を及ぼしているのです。

「ガンビア共和国の女の子と男の子の1日」（図①）をみてみましょう。ここでは、「学校に通っていない女の子」「学校に通っている女の子」「学校に通っている男の子」の3者の1日を比較しています。

学校に通っていない女の子は、早朝から夜遅くまで、休むひまもなく、そうじ、水汲み、皿洗い、調理、農作業などの家事労働に時間を費やしています。

学校に通っている男の子と女の子を比較すると、男の子はサッカーなどで遊ぶ時間がある一方で、女の子は朝早く起きて、そうじ、水汲み、皿洗いなどの家事をすませてから学校に通ったり、学校から帰っても、お母さんのしごとを手伝い、夕食の準備や片づけをするなど、自分の時間がほとんどないことがわかります。

水汲みをするシータさん（ネパール）

図① ガンビア共和国の女の子と男の子の１日

時間	◎学校に通っていない女の子	◎学校に通っている女の子	◎学校に通っている男の子
6:00	起床、手洗い お祈り	起床、手洗い お祈り	
7:00	そうじ 水汲み 皿洗い	そうじ 水汲み 皿洗い	起床 手洗い お祈り 復習
9:00	昼食の準備	登校	登校
9:30	畑しごとのお母さんに食事を届ける 畑しごとの手伝い	学校で勉強	学校で勉強
14:00	畑しごとの手伝い	学校で勉強 給食 家に戻って勉強	学校で勉強 給食 家に戻って勉強 早く勉強が終わったときにはサッカー
18:00		畑しごとのお母さんに食事を届ける	水汲み お風呂
19:00	家に戻り夕食の準備	夕食の準備 お風呂	遊びや勉強など
20:00	夕食 皿洗い	夕食 皿洗い	夕食

｛ ｝ 自分のために使う時間

出典：『Because I am a Girl: THE STATE OF THE WORLD'S GIRLS 2007』（Plan International）

インドなどの南アジアでは、女の子は男の子より週に20～30時間も多く家事労働に費やしているというデータ＊もあります。

ネパールの農村地域に住むシータさんは、小学校3年のときに学校をやめてしまいました。その後はそうじ、水汲み、家畜の世話、料理、きょうだいの世話、農作業の手伝いなどで、家族を支えつづけています。シータさんのお母さんも学校に行ったことがありません。お母さんには、女の子が学校に行くことの大切さがわからないといいます。

中途退学してしまう女の子たち

たとえ、一度は学校に入学できたとしても、学費が払えなかったり、家のしごとや働いて家計を支えることが優先されて、女の子たちは小・中学校を中途で退学してしまうのです。残念ながら、女の子を学校に通いつづけさせる家計の力や、学校教育の大切さへの理解がないのです。

小学校の男女の就学率はほぼ同一ですが、中学校への進学となると女の子には大きな壁が立ちはだかります（図②）。学校のトイレが男女別になって

＊女の子の家事労働：出典「世界ガールズ白書2007年版」（Plan International）

図②　低所得国＊における就学率の男女格差

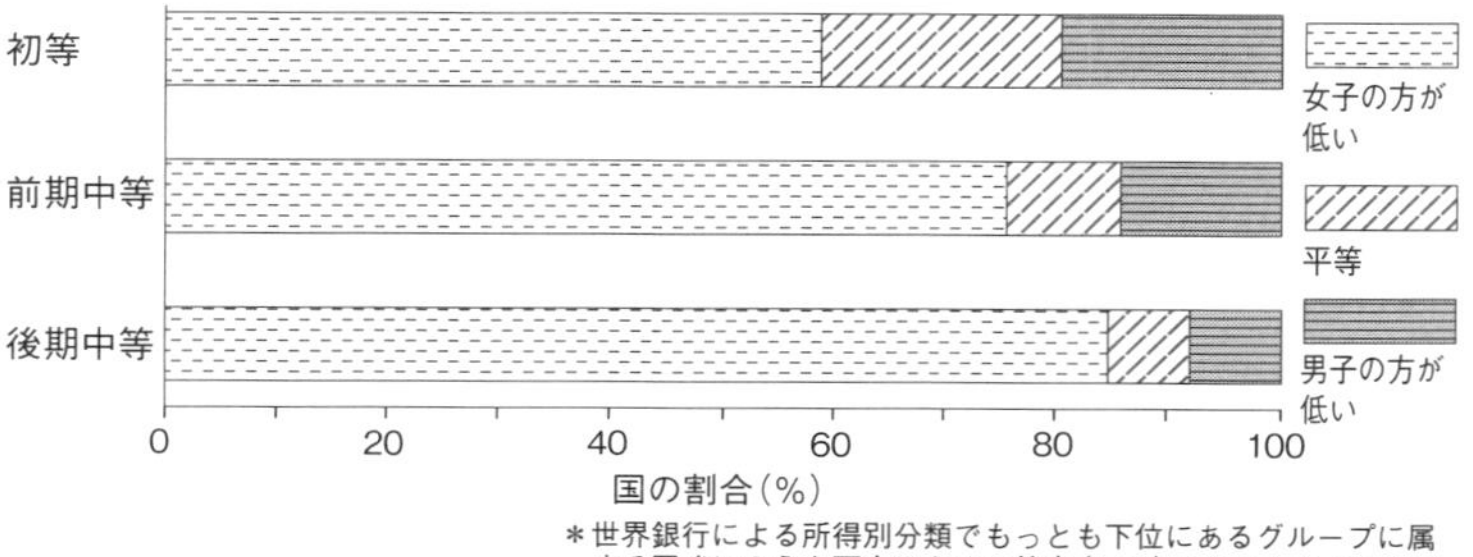

＊世界銀行による所得別分類でもっとも下位にあるグループに属する国ぐにのうち万人のための教育（EFA）にとりくむ37カ国

出典：「グローバルモニタリングレポート2014」（ユネスコ）

いない、先生や男の子からの嫌がらせや暴力がある、家族・親戚・地域から進学を非難されるなど、思春期の女の子が中学校に通いつづけることが困難になる問題がたくさん出てくるのです。

日本でもとても大きなニュースになったので、みなさんも知っていると思いますが、パキスタンのマララ・ユスフザイさんが武装勢力に襲われ、重傷を負った事件*は、女の子が教育を受けることの困難さを象徴しています。マララさんを襲った武装勢力にとって、女の子が学校に通っていることも、社会的な発言をしていることもゆるせなかったのです。

小・中学校に通えなかったことは、基本的な読み書きや計算ができないこと、社会に出ても安定した職業につけないということを意味します。日本でもそうですが、安定した職業につけないということは、貧困の悪循環（図③）におちいってしまう危険ととなりあわせになってしまいます。教育を受けられない子どもたちには、さまざまな問題が襲いかかってきます。

＊マララ・ユスフザイさん銃撃：２０１２年10月9日、女性への教育の必要性を訴える活動をつづけていた15歳のマララ・ユスフザイさんが、スクールバスで帰宅途中、武装勢力に頭を撃たれ、重傷を負った事件。第7章１０４ページ参照。

図③　貧困の悪循環

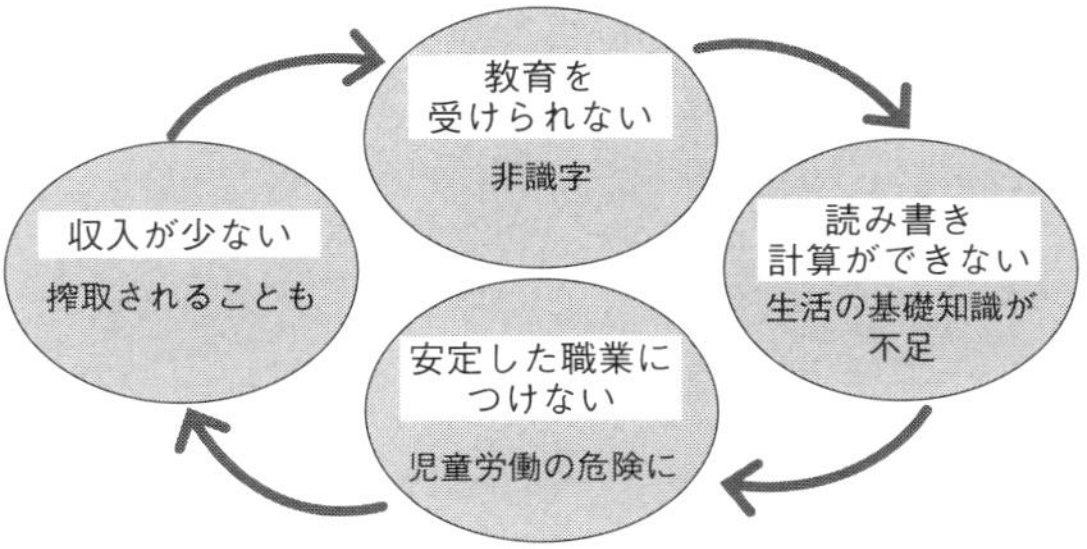

出典：「女の子にはチカラがある～未来を創るジェンダー教育～」（プラン・インターナショナル、2012）

早すぎる結婚が女の子たちの健康をおびやかす

ユニセフによると、世界では7億人以上の女性が子どもと定義されている年齢（18歳未満）で結婚しており、そのうち3人に1人以上の約2億5000万人が15歳未満で結婚しています。* なかには、親が決めた10歳前後の結婚もあります。

早すぎる結婚をさせられた女の子の多くは、学校に通うことができず、嫁ぎ先で夫や家族からいわれるがままに、家事労働を背負わされます。また、早すぎる妊娠・出産による健康被害は深刻です。毎年、思春期の女の子の7万人が、妊娠と出産の合併症によって死亡し、性感染症やＨＩＶ／エイズの危険も高まっているという報告もあります。* 女の子たちは、自分の体を守る方法さえ教えてもらっていません。

「子どもの権利条約*」、「世界人権宣言*」、「女子に対するあらゆる形態の差別の撤廃に関する条約*」や「アフリカ人権憲章*」のような地域憲章にも、子どもを早すぎる結婚から守るための規定があります。それにもかかわらず、

＊ユニセフの報告：出典「ENDING CHILD MARRIAGE：Progress and prospects」（ユニセフ、２０１４年）

＊思春期の女の子の7万人：出典「世界人口白書２０１３」（国連人口基金、ＵＮＦＰＡ）

＊子どもの権利条約（ＣＲＣ）：７ページ参照。

＊世界人権宣言：１９４８年に国連総会にて定められた。「人類社会のすべての構成員の固有の尊厳と平等で譲ることのできない権利とを承認することは、世界における自由、正義及び平和の基礎である」とある。

＊女子に対するあらゆる形態の差別の撤廃に関する条約（ＣＥＤＡＷ）：あらゆる立場の女子に対する政治的、社会的、経済的差別を撤廃することを目的とした国際条約。１９７９年に国連で採択。日本を含め１８７カ国が批准。

＊アフリカ人権憲章：１９８１年にアフリカ統一機構（ＯＡＵ）の首脳会議で採択された。あらゆる形態の差別をなくすというアフリカ諸国の目標を確認している。

13 歳で結婚し、14 歳で出産したソナさん（シエラレオネ）

図④　早すぎる結婚を強いられる女の子の割合

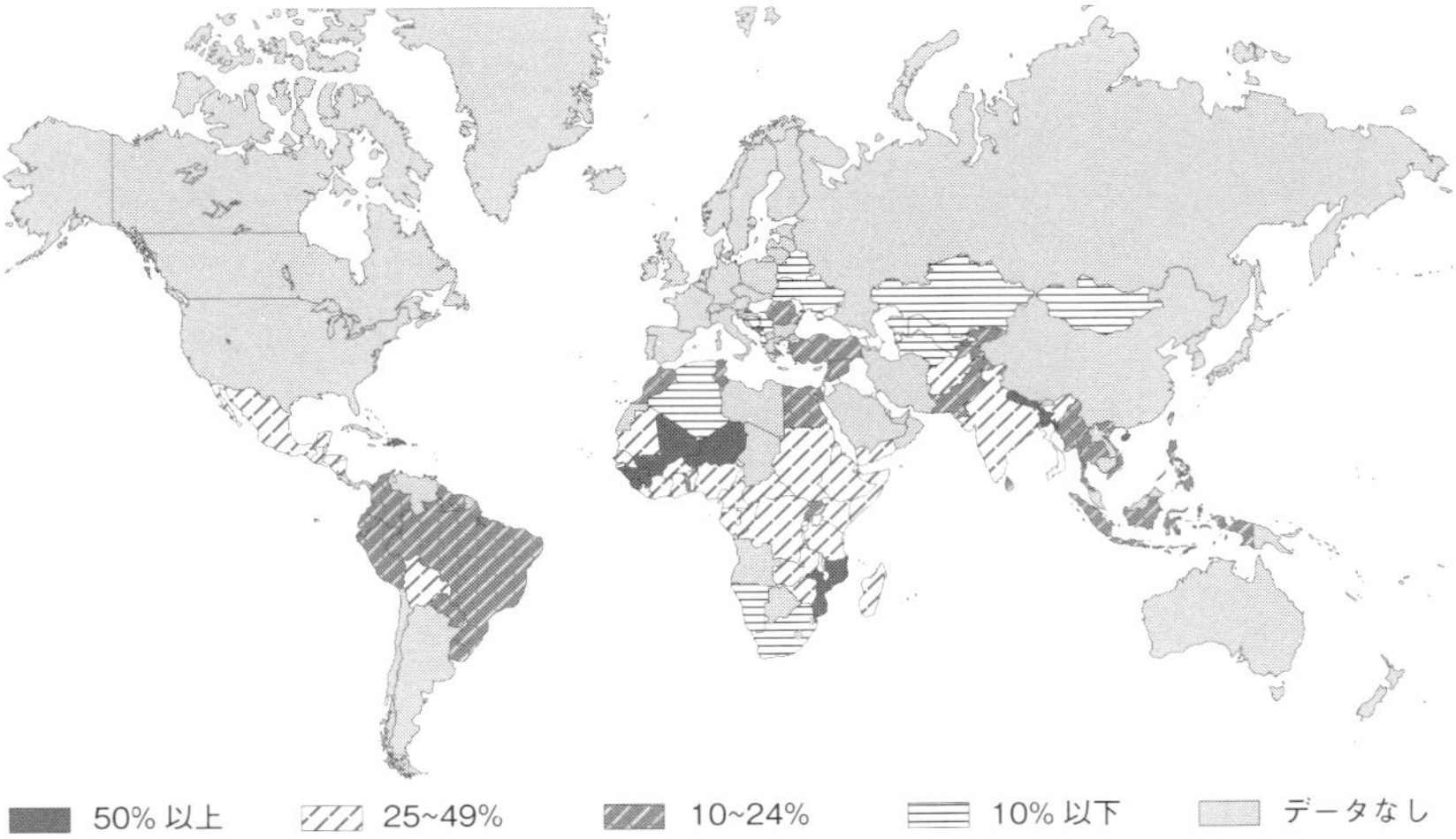

出典：www.childinfo.org（UNICEF）
（2012 年 12 月アクセス）

早すぎる結婚は世界各地でいまも後を絶ちません（図④）。その背景には、養育費、結婚結納金や持参金といった経済的要因があります。

また、「女性は夫にしたがう妻、子育てをする母親であるべき」という価値観などの社会的な要因もあります。

うまれてくることさえ許されない女の子たち

インドや中国などいくつかの国ぐにでは、うまれてくる女の子の数が、男の子に比べ極端に少ない現象が起きています。これは、うまれてくる子どもが女の子だとわかると堕胎《だたい》してしまうからです。国や地域によって実情は異なりますが、世界的に男の子を好む傾向が強く、２００７年の国連報告では、性別判定のうえでの堕胎と幼児殺害による「失われた」女の子の数は、これまで世界で1億１３００万人から2億人といわれています。

たとえば、インドでは息子は価値のある「資産」とみなされ、反対に娘は将来の稼ぎ手にならず、嫁ぐ際には結婚持参金をおくる必要がある「負債」だと考える風潮があるといわれています。このような背景もあり、１９９４

「女の子もうまれる権利がある！」と訴え行進する女の子たち（インド）

年から２０１０年までに約１０００万人の女の子が堕胎されたと、ＮＧＯジョイセフは報告しています。* また、女の子は乳幼児のうちに殺害されてしまうこともあります。

国連の２０１０年の報告では、世界の５歳未満の男女比率は、男の子１０００人に対して女の子９３４人ですが、インドでは６歳未満の男女比率は、男の子１０００人に対し、女の子９１４人というショッキングなデータがあります。* また、中国においては一人っ子政策*がこの問題に大きく影響しているといわれています。

このように「女の子だから」というだけで、うまれる前から差別がはじまります。そして、その後も最低限の食事しか与えられない、病気になっても医者に連れて行ってもらえないなど、生きていくうえでの差別がつづくのです。

伝統的な慣習で傷つけられる女の子たち

女性性器切除*という言葉を聞いたことがありますか？

＊１０００万人の女の子の堕胎：出典「Friend's Story Vol.6」http://www.joicfp.or.jp/jp/more/interviews/friends_story/vol6/（２０１４年8月アクセス）

＊インドの6歳未満の男女比率：２０１１年のインド政府国勢調査による。

＊一人っ子政策：中国で１９７９年に施行された政策。急激な人口増加を緩和するため、一組の夫婦につき子どもを1人に制限し、２人目からは罰金を科すもの。

＊女性性器切除（Female Genital Mutilation/Cutting）：アフリカをはじめとする国ぐにでおこなわれている女の子や女性の性器の一部を切除する慣習。

２０００年以上前から、アフリカをはじめとする国ぐにある慣習で、言葉のとおり、女性の性器の一部を切除あるいは切開します。大人の女性になるための通過儀礼・結婚の条件とされてきました。心身に及ぼす悪影響がわかっていても、信仰や社会的圧力により、自分の娘に性器切除を受けさせている家庭が少なくありません。

助産師が、はさみ、かみそりの刃、ガラスの破片などで施術することもあり、衛生的ではありません。さらに、医師が不在のため麻酔をともなわない切除は、激痛、大出血といった事態をまねきます。また、骨盤や尿道への感染症、性交時の激痛、出産時の後遺症などがさけられません。このように女性性器切除は、女の子と女性への人権侵害であるとともに、健康面で長期的な影響を及ぼし、心にも深い傷を負わせています。

２０１４年のユニセフの報告によると、女性性器切除を受けた女の子は、アフリカと中東地域の29カ国で、１億３０００万人以上とされています。*そのうちの半数の国ぐにでは5歳未満に、そしてそれ以外の国ぐにでも5歳から14歳で女性性器切除がなされています。*

いまでは、多くの国ぐにが、法律で女性性器切除を禁止しているため、世

女性性器切除の儀式をまつ女の子たち（ギニア）©Plan International/Mary Matheson

＊１億３０００万人：出典「FEMALE GENITAL MUTILATION/CUTTING: What might the future hold?」（ユニセフ、２０１４年）

＊半数の国ぐに：出典「Female Genital Mutilation/Cutting: A statistical overview and exploration of the dynamics of change」（ユニセフ、２０１３年）

界的には減少傾向にあり、とくに、若い世代ほど受ける割合が低くなっています。しかし、実態は国によって大きく異なっています。今後、女性性器切除を受けるリスクがある15歳未満の女の子は、３０００万人以上いるとも報告されています。

人身売買で尊厳をうばわれる女の子たち

女の子は「子ども」であること、そして「女性」であることから、もっとも人身売買の被害にあいやすい存在です。だまされたり、誘拐されたりして、命に値段がつけられて売られ、売られた後は、さまざまな形の暴力や搾取にさらされます。国内外で強制労働や売春、強制的な結婚、家事労働、物乞いなどをさせられるケースが頻繁に起こっています。

ユニセフの推計によると、毎年１２０万人の子どもたちが人身売買の被害にあい、そのうちの80％が女の子です。* 子どもは、大人のように権利を主張したりせず、抵抗しても押さえつけるのが容易なため支配しやすいのです。そして、女の子は家事使用人や性産業での需要が多いことから、ターゲット

人身売買の危険について伝える劇（ネパール）

＊人身売買の被害にあう子どもたち：出典「Child Protection information Sheet 2006」（ユニセフ）

になってしまいます。買春する客にとっては、ＨＩＶ／エイズへの漠然とした恐れから、幼ければ比較的安全だろうという思いこみがあるため、まだ幼い女の子が性産業におくりこまれています。

さらに、出生登録*や女性の地位が低いことも関係しています。女性は自分の安全を犠牲にしても、家族につくすことが当然とされる意識や、お金やモノとおなじように女の子や女性をやりとりする慣習がある地域も残っています。

人身売買がおこなわれる理由はさまざまですが、最大の原因は、被害者となる人たちの貧困です。人身売買をもちかけるブローカーは、親や子どもに「都会に行けばよいしごとがある」「住みこみで食事が出て、学校にも通わせてもらえる」「ここだけの紹介だから、だれにもいわないように」などと言葉巧みに話し、「家族の生活費を減らすことができる」「家族に仕送りができる」「学校に行ける」と思いこませます。

ブローカーはしごと先までの旅費などを、本人の「借金」にし、それに利子や住居費・食費などを上乗せし、いつまでたっても借金を返せない状態に追いこみます。また、逃げ出せないように、ビザやパスポートをとりあげる

性暴力から救出され保護された女の子（インド）

＊出生登録：ユニセフの２０１３年報告書「EVERY CHILD'S BIRTH RIGHT」によると、世界の5歳未満の子どものうち３人に1人にあたる2億３０００万人が出生登録をされていない。出生証明書がないということは、その子は公的に存在しないということ、法的保護が受けられないことを意味する。教育や保健サービスが受けられないうえに、人身売買の被害にあう危険性が高まる。

こともあります。

性産業で働かせられた女の子には、暴力やＨＩＶ／エイズをはじめとする深刻な感染症、望まない妊娠や出産の危険がつきまといます。孤立し、虐待されることで精神的にも大きなダメージを受けます。教育の機会もうばわれ、たとえ無事に救出されて家族のもとに戻ってきても、地域社会から孤立したままです。

人身売買は非人道的行為であり、卑劣な犯罪として、「子どもの権利条約」、「国際組織犯罪防止条約人身取引議定書」*などの、国際人権諸規定でも規制されていますが、世界各地でその被害は急速に広がっています。

人身売買は多くのばあい、非合法的なルートでおこなわれるため、明確な統計情報は存在しません。世界で毎年約１２０万人の子どもが人身売買の被害にあっているという推計も氷山の一角*といわれています。

強制労働させることで搾取される利益は、全世界で年間３１６億ドル（約３兆１６００億円）にのぼると推測されています。*そして、人身売買は収益の大きいビジネスであることから、それまでは武器や麻薬をとり引きしていた犯罪組織が人身売買に手を広げるなど、組織ぐるみの犯罪になっており、

＊国際組織犯罪防止条約人身取引議定書：人身取引防止を目的に、人身取引行為を犯罪とすることを締約国に義務づけたうえで、人身取引の被害者の保護と送還、出入国管理に関する措置などについて規定。２００３年発効。

＊氷山の一角：日本は性的な人身売買の受け入れ国となっており、東南アジア、中南米、東ヨーロッパなどから女性が連れてこられ、売春をさせられるケースが起きている。
小島優・原由利子『世界中から人身売買がなくならないのはなぜ？』（合同出版、２０１０年）参照。

＊強制労働による利益：出典「人身売買と戦う国連国際イニシアチブ」（２００８年）

人身売買市場は世界中で拡大しているのです。

女の子ゆえの児童労働――家事使用人

家事使用人のしごとは、わたしたちの想像以上に劣悪なものです。家事使用人というと、日本ではあらかじめ約束した時間だけ働く「家政婦さん」のようなものを想像しがちですが、住みこみで長時間働かされ、そうじ、洗たく、料理、雇い主の子どもの世話などを、ときには「奴隷」のような状態で強いられているのです。

家族から引きはなされ、「捕らわれの身」として、劣悪な労働条件のもと働かされます。雇い主から、身体的、精神的、性的な暴力を受けることも多く、その対象の多くは5歳から17歳の女の子たちなのです。

家事使用人は、「隠された労働」であるため、その実態*がなかなかわからないのですが、国際労働機関（ＩＬＯ）によると、18歳未満で１７１９万人と推計されています。

「年齢や性別における家事労働者の割合２０１２年」（図⑤）をみてくださ

＊家事使用人の実態：２０１２年の国際労働機関（ＩＬＯ）によると、18歳未満の家事労働者は、１７１９万人と推計され、５歳から14歳の９５２万人を含む１１５２万人が、年齢や労働の危険性などによって児童労働者に分類されている。ＩＬＯは２０１３年の「児童労働反対世界デー」（6月12日）に「家事労働における児童労働にノー」を掲げ、国際社会にこの問題への警鐘をならした。（「Child domestic work: Global estimates 2012」, ILO）

図⑤　年齢や性別における家事労働者の割合 2012 年

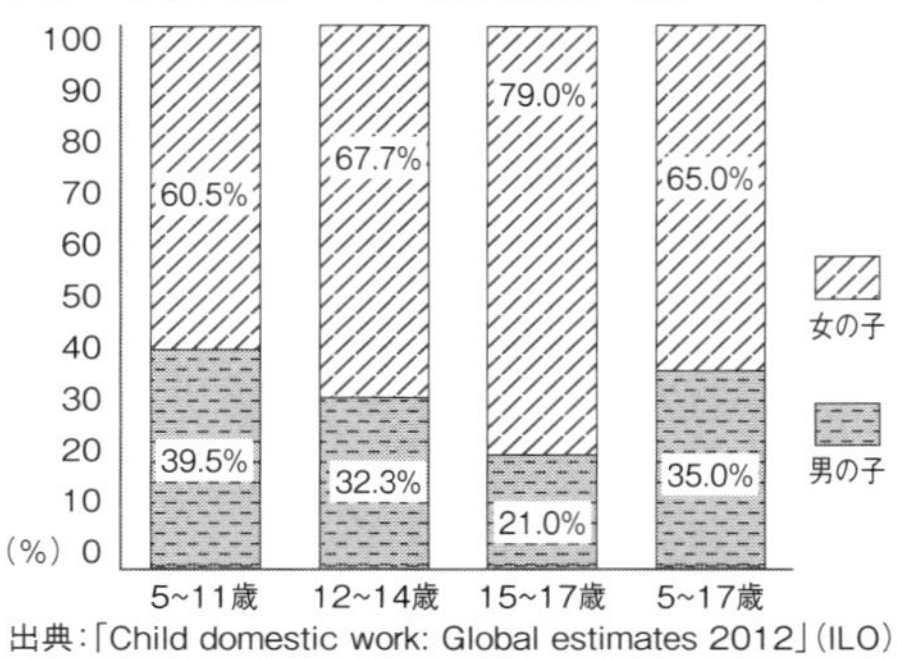

出典：「Child domestic work: Global estimates 2012」（ILO）

い。５歳から17歳までの家事使用人のおよそ65％が女の子です。15歳から17歳では、80％近くが女の子です。女の子は使いやすいという理由に加えて、貧困家庭では「女の子は働いて家族を助けるもの」という認識があり、真っ先に女の子が働きに出されることになります。

国際社会は、家事労働者の問題に無関心であったわけではありません。たとえば、ＩＬＯの「最低年齢条約*」では、働くことのできる最低年齢を原則として義務教育を終えた15歳と定めています。また、「最悪の形態の児童労働条約*」は18歳未満の子どもに「最悪の形態」と考えられる労働を禁止しています。

「家事労働者条約*」では、休憩時間の確保、正当な賃金の支給、雇用条件の明示、住みこみ使用人にはプライバシーを尊重する生活条件の確保や、子どもの家事使用人については、義務教育を受ける権利を与えることなどが決められています。

このように、子どもを家事使用人として劣悪な環境下で働かせることを、国際条約が禁止し、ほとんどの国が法律で禁止・規制していますが、実際には違反の取り締まりが徹底されておらず、国際条約や法律が守られていない

＊最低年齢条約：15歳及び義務教育終了年齢に達していない者の就業を原則として禁止し、13歳以上15歳未満の者による軽易な労働への就業を認める際の要件などについて定めたもの。

＊最悪の形態の児童労働条約：児童労働のなかでももっとも搾取的な労働を「最悪の形態」と定め、義務教育を終えていたとしても、無条件ですぐに子どもをその労働から引きはなし、保護しなければならない。

＊家事労働者条約：個人家庭が職場であるという労働の特殊性に対応した特別の基準を設けた、家事労働者を対象とした初の国際労働基準。

のが現状です。

日常でも戦争下でも暴力の危険にさらされる女の子たち

２０１３年の世界保健機関（ＷＨＯ）の報告によると、女の子や女性の少なくとも３人に１人が身体的、性的暴力を受けているとされています。その30％が、親や家族、養育者などの身近な知り合いによるものです。*たとえば、ウガンダでは、85・８％の女の子、ケニアでは59・５％の女の子が暴力を受けたことがあるとされています。また、エルサルバドルでは、18・９％の思春期の女の子がセクシュアルハラスメント（性的嫌がらせ）を受け、３・５％がレイプやレイプ未遂を受けているとの報告があります。*学校での男の子あるいは男性教師による女の子への性的な暴力も見逃すことはできません。

女の子は反撃する力が弱く、また男性にしたがって当たり前と考えられていることから、多くの女の子が性的暴力の犠牲者になり、過酷な体験をする

＊世界保健機関（ＷＨＯ）の報告：出典「Prevalence and health effects of intimate partner violence and non-partner sexual violence 2013」（WHO）

＊女の子が受けている暴力：出典「世界ガールズ白書２００７年版」(Plan International)

ことになります。望まない妊娠、中絶、ＨＩＶ／エイズなどの性感染症、退学やコミュニティからの軽蔑《けいべつ》、心の傷など、女の子たちに深刻な影響を及ぼしています。

子どもの権利条約（19条）*では、子どもたちがあらゆる虐待から保護される権利がうたわれ、国際社会では暴力根絶を目指したとりくみをすすめていますが、暴力被害は拡大しています。

このように、家庭や学校などの日常の場において、さまざまな暴力の危険にさらされる女の子たちですが、紛争のときには、よりきびしい状況を強いられます。* いま紛争下で暮らす女の子は、世界に約２億人いると推定されています。* 女の子と女性に対する暴力は、平和なときより増えることは容易に想像できます。

子ども兵*という言葉を聞いたことがありますか？　世界に30万人いるといわれ、兵士として軍隊に狩り出される子ども兵のうち、10万人が女の子だと報告されています。戦争というと、銃をもった男たちや戦車を思い浮かべますが、実際には多くの女の子が「兵士」として軍隊に徴兵され、男性兵士の身のまわりの世話や性的対象にされています。

＊子どもの権利条約（19条）：「虐待・放任からの保護」には、子どもを育てる役目にある人（親）が、子どもを虐待したり、養育放棄をしたときに、国は子どもを守ることが定められている。また、子どもと育てる役目にある人（親）が必要な助けを得られるような社会的な計画を立て、虐待や養育放棄の防止や対策をすることを定めている。

＊紛争下の女性：「女性と平和、安全に関する国連安全保障理事会決議１３２５」（２０００年）では、紛争が女の子や女性に及ぼす独特の、不当に大きな影響を具体的にとりあげ、紛争の解決と予防、平和構築、和平仲介、平和維持活動にあらゆる段階で国際社会がとりくむよう求めている。

＊紛争下で暮らす女の子：出典「世界ガールズ白書２００８年版：女の子と紛争」(Plan International)

＊子ども兵：鬼丸昌也＋小川真吾『ぼくは13歳　職業兵士。――あなたが戦争のある村でうまれたら』（合同出版、２００５年）参照。

また、災害も女の子と女性にきびしい生活をもたらします。自然災害はだれにでも襲いかかりますが、ここでも女の子と女性にはいっそうの困難をもたらすのです。箇条書きにまとめてみましょう。＊

・災害のときに死亡する確率は、男性よりも女性と子どものほうが高い。
・２００４年のスマトラ沖地震では、男性より４万５０００人も多くの女性が命を落とした。
・洪水で住む場所を失った人の85%が、女性と子ども。
・２０１０年の洪水発生後のパキスタンのある被災地では、学校をやめた女の子は男の子の４倍だった。
・災害がもたらす社会の混乱や人びとのストレスが増すなかで、女の子は男の子以上に暴力やレイプの対象になりやすい。

このように、自然災害においても女の子と女性は、大きな困難に直面するのです。

洪水の被災者の女の子（パキスタン）

＊災害時の女の子の困難：出典「世界ガールズ白書２０１３年版：思春期の女の子と災害」（Plan International）

第3章
女の子を苦しめる4つの足かせ

その1　「貧困」のしわ寄せが女の子に

女の子がより困難な状況におちいってしまう原因の1つは、「貧困」です。貧しい家庭、貧しい社会では、お金や資源が十分ではなく、その限られたお金や資源は、女の子よりも男の子に優先的に使われる傾向にあるからです。

２００６年、プランのヨーロッパにある事務所のスタッフたちが視察のためにネパールを訪れたときのことです。ある山村の広場で話をしていると、とても粗末な身なりの女の子がこちらをみていました。広場は高地にあり気温が低いというのに、その女の子は裸足です。やせていて顔色もよくなく、栄養が足りていないようすです。スタッフの1人が、「あの女の子の家に案内してもらおう」と提案し、案内してもらいました。

女の子の家につくと、弟がいました。家は確かに貧しそうではありましたが、弟は学校の制服を着ていて、女の子よりもずっと栄養状態はよさそうです。

「どうして娘も学校に通わせて、息子とおなじように手をかけてあげない

水汲みをする女の子（ラオス）

のですか？」

お母さんにたずねると、お母さんの返事は衝撃的なものでした。

「だって、その子は女の子だから」＊

インドの5歳未満児死亡率＊は、1000人中男の子は54人であるのに対し、女の子は59人です。病気のときに、女の赤ちゃんは男の赤ちゃんよりも、病院に連れて行ってもらえる回数が少ないのが原因の1つと考えられます。多くの親たちは貧しい家計のなかから、女の子のために医療費を出そうとは考えない傾向にあるのです。

「貧困」が女の子に負担を強いる場面は、家庭のなかだけではなく、社会においてもたくさんみられます。たとえば、途上国では水汲みは通常、女の子と女性のしごとです。ケニアのある村でわたしが出会った女の子は、日本の7歳くらいの体格でしたが、村に井戸がないため、5リットル程度のタンクをもたされて、湧き水の出る場所まで歩いてきていました。小さな女の子が運ぶには、5リットルの水は重すぎ、正常な体の成長のさまたげになることも考えられます。さらに、そのときに水汲みが十分にできなければ、そこで夜を過ごすこともあり、とても危険です。

水汲みをする女の子（ブルキナファソ）

＊だって、その子は女の子だから：「Because she is a girl」このお母さんの返事が、プランが2007年から世界中で展開しているBecause I am a Girlキャンペーンのきっかけとなる。キャンペーンは、世界中の女の子が「生きていく力」を身につけ、途上国の貧困が削減されることを目指している。なお、このお母さんも周囲から同様の扱いを受けてきた。

＊インドの5歳未満児死亡率：5歳の誕生日を迎えることなく命を落とす子どもが1000人中何人いるかを表した数字。日本は男女ともに1000人中3人。出典「世界子供白書2014」（ユニセフ）

このように、途上国の農村ではインフラのための予算が十分ではないために、上下水道や道路などの社会インフラが整っていないことが多く、家事を担う女の子や女性に負担を与えています。

その2 「偏見」によって、価値が低い存在とされる

プランのスタッフがアフリカの数カ国の活動地域で、「女の子と女性、男の子と男性に対して、どんなイメージをもっていますか?」という調査をしたことがあります。各国共通にみられたのが、女の子や女性からイメージする言葉は「やさしい、美しい、家庭、世話をする人、従順」などで、男の子や男性からイメージする言葉は「強い、自立、稼ぎ手、リーダー、積極的」などでした。アフリカ以外の地域でも、おなじようなイメージが一般的といわれています。

これらがすべての人にあてはまるわけはなく、単なるイメージや偏見にすぎないのですが、「男性が稼ぎ手で家族を守り、女性は家事、育児をする」という、男女の性別役割分担が世界中で形づくられています。

＊女性の役割：プランのアンケートでは、「おむつがえ、子どもの入浴、食事の世話は、母親の責任ですか?」という質問に、ルワンダでは67%の男の子と71%の女の子が、インドでは83%の男の子と87%の女の子が「Yes」と答えている。子どもたちも現状の役割分担を受け入れていることがわかる。

＊無償のケア労働：家事、子どもや老人の世話、病人の看護など、家族の生存を支えるしごと。家族を支えることで国や地域の労働力や経済を支えるという大切な役割であるにもかかわらず、報酬を得られないため、その役割の存在や価値、大変さは周囲から認識されにくい。最近では女性の労働市場への参加がじょじょに増えているにもかかわらず、無償のケア労働の担い手は女性という風潮は残っている。

たとえば、アフリカの農村部では、男性の役割は農作業、収穫物の運搬や売買、収入の使い道の決定、家族や地域にかかわることの決定などで、女性の役割は、家族の食料の生産、水汲みや薪《まき》などの調達、炊事、洗たく、育児、介護など、とされています。男性の役割は収入につながるもの、女性の役割*は「無償のケア労働*」と呼ばれる、直接的な収入にはつながらないものという大きな違いがみてとれます。*

社会インフラや家電などが整っていないなかでの家事労働は、女の子や女性にとってとても大きな負担です。それにもかかわらず、収入を得られる役割をもたない女の子や女性は、男の子や男性よりも価値が低い存在とみなされ、その存在や権利は軽んじられてしまいます。*

女児中絶や女の子への暴力は、「女の子には価値がない」と社会が考えていることによって起きます。親たちが、女の子は将来、稼ぎ手にならないと決めつけて学校に通わせなかったり、手をかけて育てないのにも、こうした背景があるのです。なかには、教育を受けることによって女の子がいままでの男女の役割分担に不満を抱いたり、男性をおびやかしたりするのではと恐れる人もいます。

＊男女の役割の大きな違い：「人間開発報告書２０１４」（国連開発計画）によると、労働市場への参加は、ニジェールでは、男性が89・８%、女性は39・９%。スーダンでは、男性が76・０%、女性は31・２%。南アジアの国ぐにの平均でも、男性が80・７%、女性は30・７%と大きな差がある。
　また、１人当たり推定勤労所得（購買力平価換算による）は、エジプトでは男性の１０６２９米ドルに対して、女性は２７８４米ドルで、男性の26%にすぎない。（「グローバル・ジェンダー・ギャップレポート２０１３」世界経済フォーラム）

＊価値が低い存在：国連開発計画が１９９５年に発行した「人間開発とジェンダー」には、以下の一文がある。「現代社会では、往往にして、社会的地位は収入の多さに比例するものと捉えられるため、女性のばあい、経済的な地位が不当に低くなってしまうのである。総労働時間の比較では男性より女性の方が多いにもかかわらず、また、男性の賃金労働の大部分が、もし女性が家にいて子どもを育てたり家事をこなしたりしなければできない、男女共同作業の産物であるという事実があるにもかかわらず、このようなことがまかり通っているのである」

その3 「決定権」「発言権」がない

価値を低くみられている女の子たちは、大人たちや男の子との力関係において弱い立場におかれているため、決定権や発言権がもてません。早すぎる結婚や妊娠・出産、女性性器切除など自分の人生を左右することがらにも「NO」といえないのです。ときには、家族から命令される形で、またときには社会の暗黙のルールとして、決定権のない女の子に圧力がかかっています。

西アフリカのギニアのある貧しい地域で、プランによる「大豆の栽培プロジェクト」がスタートしました。その目的はつぎのようなものでした。

①住民が大豆を家庭で食べることで、ふだんの食事に大豆の栄養価が加わり、子どもの栄養状態が改善される
②大豆を売った利益により経済的余裕がうまれ、より多くの女の子が学校に行けるようになる
③地域のすべての人びとの経済状況が改善し、生活レベルが向上する

家族の食事をつくる女の子（ブルキナファソ）

ところが2年後、子どもの栄養状態には改善がみられず、大豆の栽培をはじめる前よりも通学している女の子の数が減っていることがわかりました。

この地域では、畑の所有権*はお父さんたちがもっているため、「収穫された大豆をどこでだれにいくらで売るか」「得た収入を何に使うか」ということに関する決定権も、お父さんがもっていたのです。一方で、その畑で農作業をするのは、お母さんと女の子の役割でした。

大豆は高値で売れたため、現金収入を増やしたいお父さんは、家族や子どもたちにその大豆を食べさせずに、市場で売ることに決めてしまいました。家族の食事づくりは、お母さんや女の子の役目ですが、決定権や発言権がないために、大豆を家庭内で食べるという提案や決定はできません。また、収入は息子たちをよい学校に通わせるために使われた一方で、お父さんは収穫量を増やすために女の子を学校に通わせずに、農作業をさらにたくさんさせました。こうして、女の子はますます学校から遠ざかり、子どもたちの栄養状態も改善されないままになってしまったのです。

女の子の役割やまわりから認められる価値がかわらない限り、そして決定権や発言権をもてない限り、現金収入が増えたとしても、女の子の生活が健

＊所有権：女の子（娘）が男の子（息子）と平等に相続できる法律がある国は、OECD諸国では100％だが、サハラ砂漠より南のアフリカ諸国では59％、南アジアでは50％に過ぎず、中東や北アフリカではすべての国において相続が不平等。（「世界開発報告2012」世界銀行）図参照。

■娘への相続

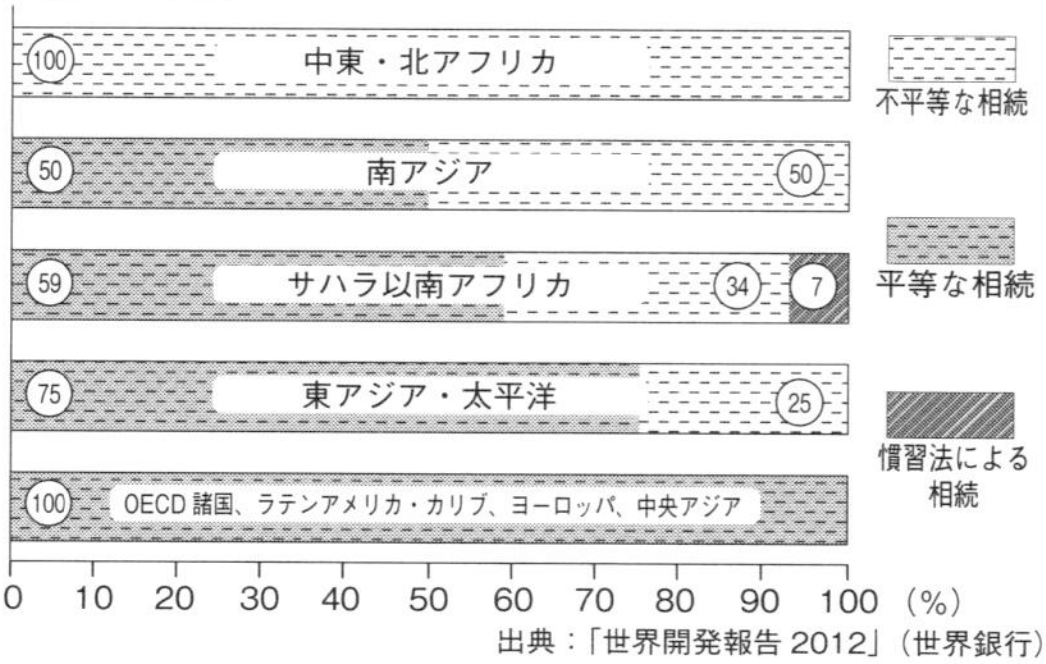

出典：「世界開発報告 2012」（世界銀行）

全で豊かなものにはならないことが、このエピソードからわかります。

中米のエルサルバドルの女の子、シオマラさん（19歳）は故郷が自然災害に見舞われたのち、女の子が暮らしやすい地域として復興させたいと考えましたが、復興活動の蚊帳《かや》の外におかれたとふり返ります。

「いちばんつらかったのは、発言させてもらえないことでした。地域の人びとは、女の子には耳を傾けるべき発言はできないであろうと思っていたのです」

女の子に決定権や発言権がないということは、女の子の問題やニーズがいつまでたっても地域社会や国に認知されない、という状態を長引かせてしまうことにつながるのです。

その４　女の子に不利な「法律」や「しくみ」

女の子の問題やニーズが地域社会や国に認知されていないため、世界には女の子への偏見を前提につくられた、女の子と女性にとって不利な法律やしくみが数多く存在しています。

国連人口基金によると、親の同意があれば18歳未満での結婚*が合法的にできる国は、女の子のばあいは世界に１４６カ国、男の子のばあいは１０５カ国です。女の子のほうが、法律においても早すぎる結婚から守られていません。また、エジプトでは妻がパスポートを取得するには、夫の「許可」が必要であったり、カメルーンでは妻が働く際、結婚生活や育児に支障があれば、夫にはそれを「許可しない」権利があると国内法令で定められています。*

女の子と女性に不利な法律やしくみは、女の子と男の子のあいだにさらなる格差をうみ出し、「女の子は、稼ぎ手になれない」「女の子は、男の子よりも価値がない」という偏見がますます定着するという、悪循環をうんでしまいます。

では、男の子や男性、女の子や女性、だれにとっても平等な法律があれば、女の子は不利益をこうむることはないのでしょうか？　答えはＮＯです。女の子や女性は、すでに男の子や男性との格差と偏見のなかで暮らしています。そのような状況で、法律だけが中立であっても、女の子や女性がその法律や決まりごとを上手に活用していくことができないからです。その例

＊18歳未満での結婚：出典「Marrying Too Young: End Child Marriage」（国連人口基金、２０１２年）
日本では、女性は16歳から、男性は18歳から婚姻ができると民法で定められている。この年齢に達しているが未成年者であるばあいは、どちらか一方の親の同意が必要。

＊エジプト、カメルーンの法律：出典「PROJECT ON A MECHANISM TO ADDRESS LAWS THAT DISCRIMINATE AGAINST WOMEN」（国連人権高等弁務官事務所、２００８年）

が、教育です。この後でお話するように、学校は女の子にも男の子にも平等にひらかれているのに、女の子にとって通いづらい要因がたくさんあります。

こうした問題の解決には、女の子たちの問題をよく知り、そのニーズを政策に反映させていくことができる、女性のリーダーや政治家が必要です。ところが、女性の政治家は、男性の政治家よりもずっと少ない＊のが世界の現実です。

家事労働で忙しい女の子と女性たちは、知識を得たり、仲間とつながったりする自由な時間をもつことはなかなかできません。また、社会のしきたりや宗教上の理由で、女の子と女性が自由に移動することへの制限もあります。このため、地域の集会や、投票といった政治的な活動への参加はむずかしいのです。女性の政治家が少ないなかでは、ロールモデル（お手本）がいないため、政治家を目指そうという女の子は育ってきません。こうした事態を改善するために、女性の議員を一定の割合にするというクオータ制＊を採用している国が、途上国にもあります。クオータ制によって、ネパールやセネガルなどでは国会議員に占める女性の割合が、男性の半数以上に追いついて

＊女性の政治家：国会に占める女性議員の割合は、中米のコロンビアでは12％。アフリカのベナンでは８％。エジプトでは、２％に過ぎない。（「グローバル・ジェンダー・ギャップレポート２０１３」世界経済フォーラム）

＊クオータ制：政策決定の場での男女比率にかたよりがないように、国会・地方議会議員候補者など政治家や、国・地方自治体の審議会、公的機関の議員・委員の人数を制度として割り当てること。

いる国*もありますが、まだまだ大きな差がある国がほとんどです。

女の子が学校に通えない7つの理由

女の子を困難な状況に押しやる要因をみてきましたが、女の子の問題を解決するために、もっとも大切な教育をはばむ要因をさらにくわしくみてみましょう。

理由① 制服代や教科書代が払えない

途上国と呼ばれる国ぐにでも、公立の小学校は学費が無料*のところが増えてきました。それでも、制服や教科書、試験費用は個人で支払うため、貧しい家庭にとっては大きな負担になります。

理由② 「女の子に教育は必要ない」という周囲の偏見

「女の子は将来、嫁ぎ先で家事や育児をするだけだから、教育は必要ない」「教育を受けさせても見返りがない」という、両親や地域の人びとの思いこ

＊議員に占める女性の割合：ネパールでは男性の67％に対して女性は33％で、対男性比は50％。セネガルは男性57％に対して女性は43％で、対男性比は75％。いずれも、候補者の数を一定数に保つクオータ制がある。(「グローバル・ジェンダー・ギャップレポート２０１３」世界経済フォーラム)

＊学費の無料化：出典「1 Goal Education for All」(Global Campaign for Education, 2010)。サハラ砂漠より南のアフリカでは、約半数の国ぐにで学費が無料となっている。

みや偏見が、女の子を学校から遠ざけています。女の子自身も周囲からの影響により、おなじような思いこみをもたされてしまいがちです。

理由③　家事労働の負担

学校に通うよりも、お母さんを見習って家事労働をするべきと考えられている地域がたくさんあります。たとえ、学校に通うことができても、登校前や下校後の家事労働によって疲労がたまり、学業についていけなくなったり、宿題をする時間がなくなったりして、中途退学してしまう女の子も大勢います。

理由④　早すぎる結婚・妊娠

多くの途上国では、初潮を迎えた女の子は大人とみなされ、「娘が嫁にいけないことは家の恥」と考える親たちが、なるべく早く娘を嫁がせようとします。そして、嫁ぎ先からの結婚結納金を目当てにすることで、10代前半の女の子が強制的に結婚させられる慣習があります。

結婚した女の子は、家族や仲間の女の子たちから、大人の女性として学校

「早すぎる結婚か教育か」女の子の教育の重要性を伝えるウェブサイトの記事(Plan International)

にとどまるべきではないと考えられてしまいます。また、妊娠によっても学業をつづけられなくなります。

理由⑤　学校が遠い

途上国では学校、とくに中学校は家からとても遠いばあいが多いため、親が通学をゆるさないことがあります。通学路には、思春期の女の子にとって多くの危険（女の子が学校に通うことを快く思わない人からの嫌がらせや性暴力など）がひそんでいることや、娘を遠くの学校に通わせることで、近所の評判が落ちることを心配するからです。

イスラム教の地域では、女の子は身内の男性（父親、兄弟、従兄弟など）のつき添いがないと外出できないことも、通学へのさまたげとなっています。学校への距離は、女の子を学校から遠ざける大きな要因です。

理由⑥　学校が安心できる場所ではない

遠い道のりを経てやっとたどり着く学校が、女の子にとって安全で安心できる場所であるとは限りません。先生や男の子たちにも「女の子は教育を受

シルビアさん（8歳）は、毎日片道8キロの危険な道のりをたどって
登下校している（タンザニア）

ける必要はない」という偏見があるため、差別や嫌がらせ、ときには性暴力の被害にあってしまうこともあります。

また、女子トイレがないなど学校設備に女の子への配慮が欠けていることも、女の子の就学や通学をさまたげています。

理由⑦　女性の先生がいない

途上国では、女性の先生は男性の先生よりもずっと少ないのが現状です。女性の先生がいても、高学年になるほどその数は減り、女の子が初潮を迎える年齢になると、男性の先生から学ぶことを親が嫌がる傾向にあるため、これも女の子の通学に影響します。

また、女性の先生がいないことで、女の子は将来のロールモデル（お手本）に出会えず、せっかく学校で学んでも将来の展望が描けないのです。

第4章
女の子への支援が必要な4つの理由

理由① 人道的に見逃せない問題

「子どもの権利条約」*は、子どもたちがもつ基本的人権を国際的に保障するために定められた条約です。現在、194の国と地域がこの条約に締約しています。

基本的人権とは、人間が人間らしく生きていくために必要な、基本的な自由と権利のことです。だれもうばったり、傷つけたりしてはいけないもの、そして尊重していかなければならないものとして、国際社会では定められています。これは、国連憲章*や世界人権宣言*にもうたわれています。

「子どもの権利条約」では、世界中の子どもたちが大人とおなじくこの権利をもち、さらに子どもであるゆえに、特別な配慮や保護が必要であることをうたっています。ところが、その子どもたちの半数に相当する女の子たちの多くが、「女の子だから」という理由で「人間らしく生きる当たり前の権利」をおびやかされています。女の子たちの状況を改善していくのは、国際社会の責任です。

*子どもの権利条約：7ページ参照。

*国連憲章：1945年に定められた国際連合の設立根拠となる条約。「基本的人権と人間の尊厳及び価値と男女及び大小各国の同権とに関する信念をあらためて確認」している。

*世界人権宣言：第2章26ページ参照。

*女子に対するあらゆる形態の差別の撤廃に関する条約：第2章26ページ参照。

*第4回世界女性会議：北京会議。国連による女性の地位向上を目的とした国際会議。第1回メキシコ、第2回コペンハーゲ

女の子への差別や偏見をなくすためのより強力な条約には「女子に対するあらゆる形態の差別の撤廃に関する条約*」があります。この条約には、「社会及び家庭における男子の伝統的役割を女子の役割とともに変更することが男女の完全な平等の達成に必要である」と書かれています。また、「あらゆる形態の女子の売買及び女子の売春からの搾取を禁止するためのすべての適当な措置」（第６条）、「教育の分野において、女子に対して男子と平等の権利を確保すること」（第10条）などが締約国に課されています。

また、女性の地位向上について話しあう「世界女性会議」の第４回目*が１９９５年に北京で開催されました。この会議でまとめられた「北京宣言」「北京行動綱領*」は、女の子や女性たち自身が正しい決断をし、それを実行していく力をつけることの重要性を強調しており、女の子の問題にとりくむときの指針になっています。

さらに、貧困削減のための世界の約束事である「ミレニアム開発目標（ＭＤＧｓ）」やその後の「持続可能な開発目標（ＳＤＧｓ）*」でも、女性の権利が守られることが目標の１つとされています。

ン、第3回ナイロビで開催。１９０以上の国・地域の政府代表と約3万人のＮＧＯ関係者が参加。参加者たちはその後、女の子と女性たちの地位向上を目指したさまざまな活動を展開。

＊「北京宣言」「北京行動綱領」：「北京宣言」は、第４回世界女性会議にて、ジェンダー平等と女性へのエンパワーメント促進に各国政府がとりくむことを表明したもの。12の重大問題領域（貧困、教育と訓練、健康、女性に対する暴力、人権など）が設定され、それぞれの戦略目標と、政府やＮＧＯなどのとるべき行動指針が示されたのが、「北京行動綱領」。5年ごとに国連の「女性の地位委員会（ＣＳＷ）」において、その実施状況についての検証がおこなわれている。

＊持続可能な開発目標（ＳＤＧｓ）：Sustainable Development Goals。２０１５年に期限を迎えたＭＤＧｓに代わる目標として、２０１５年9月に採択。ＭＤＧｓで残された課題に加え、深刻化する環境課題など17目標を設定。２０３０年までに全世界で取り組むことで、「誰も取り残されない世界」を実現しようとする目標。

理由② 女の子自身の幸せのために

女の子が支援によって教育や保健サービスをきちんと受けられれば、女の子の価値の向上や自己決定権、ひいては幸せな人生につながります。

たとえば、小学校を卒業しただけでも、女の子の結婚年齢や初産《ういざん》の年齢はあがります。うむ子どもの人数は減り、より健康な赤ちゃんをうむことができるようになります。学校に通うことで、早すぎる結婚や妊娠の弊害《へいがい》から女の子が守られるだけではなく、教育を受けることで、まわりから自分の意見を尊重されたり、いつだれと結婚して何人の子どもをもつかを自分で決められる主体性や決定権を得ることができます。

また、ロンドン大学がアジアやアフリカの14カ国でおこなった調査（表①）によると、11カ国において中学校以上の教育を受けた女性は、暴力を受ける可能性が低いことが報告されています。これは、15歳から49歳までの既婚女性に、これまで身体的もしくは性的暴力を受けたことがあるかを聞いた調査からわかったことです。

表①　15～49歳の既婚女性でこれまでに身体的・性的暴力を受けたことがあると答えた人の教育レベル別の割合（%）

	教育を受けたことがない	小学校を卒業した	中学校以上の教育を受けた
バングラデシュ	61.9	52.8	36.4
カンボジア	29.3	22.8	10
ケニア	49.4	40.5	29.8
ルワンダ	33.5	34.9	25.5
ガーナ	21.1	27.1	11.3
リベリア	35	42.3	42.7

Charley Nussey, Institute of Education, University of London
出典：「Because I am a Girl : THE STATE OF THE WORLD'S GIRLS 2012」
（Plan International）

元気よく学ぶ女の子たち（ニジェール）

バングラデシュの結果では、「暴力を経験した」と答えたのは、教育を受けたことがない女性では61・9％、小学校を卒業した女性では52・8％、中学校以上の教育を受けた女性では36・4％とされ、教育を受けたことがない女性ほど暴力の対象になっていることが明らかになりました。

また、ケニアの結果では、「夫に口答えする妻は夫から暴力を受けてもしかたない」と答えたのは、教育を受けたことがない女性では61％、小学校を卒業した女性では52％、中学校以上の教育を受けた女性では27％と、ここでも教育を受けていない女性ほど、暴力を受けてもしかたがないと受け入れている状況がうかがえます。

さらに、ナイジェリアの結果からは、「夫の許可なしに外出したら夫から暴力を受けてもしかたない」と答えたのは、教育を受けたことがない女性では71％、中学校以上の教育を受けた女性では33％と、教育を受けていない女性ほど自分の自由に関しての意識が低いことが報告されています。

ＨＩＶ／エイズでもおなじことがいえます。「女性とエイズに関するグローバル連合*」によると、ジンバブエでは、15〜18歳の女の子のうち、学校に通っている女の子は、中途退学してしまった女の子よりもＨＩＶ／エイズ

＊女性とエイズに関するグローバル連合の報告：出典「Keeping the Promise: An Agenda for Action on Women and AIDS」(The Global Coalition on Women and AIDS, 2006)

に感染するリスクが5分の1にさがります。女の子は教育をとおして健康に関する情報を得て、自分の身を守ることができるようになるからです。

また、「女の子が1年長く中学校に通うと、将来その女の子が得る収入は20％あがる」という世界銀行の報告*があります。収入を得るということは、「女の子は稼ぎ手になれない」というまわりからの偏見をくつがえし、女の子の価値をあげ、女の子の家庭や地域社会における決定権や発言権を増やすことになります。

たとえば、女の子や女性が自ら得たお金と決定権によって、村のなかに井戸をつくれば、水汲みの過酷な労働から解放されます。地域の環境整備がすすめばすすむほど、女性たちの労働の負担が減り、時間に余裕がうまれることで地域活動に参加したり、さらに知識や技術を身につけたりすることができます。それがさらなる決定権や発言権をもつ好循環をうみ出し、女性の地位が向上します。このようにして、自分の人生を自由に選択していく力を身につけることができるようになるのです。

＊世界銀行の報告：出典「Measuring the Economic Gain of Investing in Girls」（世界銀行、２０１１年）

理由③　家族や将来の世代を幸せにするために

男性は、収入を自分のために使う傾向がある一方で、女性は家族のために使うことが多いという報告が数多くあります。つまり、女性の収入が向上すれば、それによって家族の生活環境が向上する可能性が高くなるのです。

貧困層へ貸付《かしつけ》をするグラミン銀行*を設立し、２００６年にノーベル平和賞を受賞したバングラデシュのムハマド・ユヌスさんは、女性への支援を集中させました。ユヌスさんは、「女性のほうが大きなビジョンをもっている。女性への支援を集中させよう。そのほうが、社会的な効果が大きいから」と語っています。

また、男性が都市や海外に出稼ぎに行かなければならない地域では、村のなかで女性が事業を起こすことができれば、出稼ぎの必要も少なくなります。稼ぎ手である男性が、病気やケガをして働けなくなっても、女性の収入で生活が支えられれば、子どもが学校をやめて外に働きに出ることもさけられます。

保健所で赤ちゃんの体重測定をして成長度合いを確認（インドネシア）

＊グラミン銀行：おもに農村部の貧困層の女性を対象に、無担保・低金利で小額の貸付を数人のグループを対象におこなう。経済学者のムハマド・ユヌス氏が創立。

＊家族の健康：女の子が小学校を卒業すると、地域の子どもたちが栄養不良になる率

女の子と女性が読み書きができるようになれば、保健衛生についての知識を得られて、家族の健康*を守ることもできます。ユネスコによると、読み書きのできる母親の子どもは、５歳以上生き延びる*確率が50％あがるとされています。途上国では、ちょっとしたケガや感染症で命を落としてしまうことがあるので、基本的な保健衛生や、さらには性感染症や避妊・出産に関する知識も必要です。そうした知識があれば、健康で健全な家庭を築くことができるのです。これは、「母親が読み書きできるかどうかは、次世代の生存に大きな意味をもつ」という、元国連難民高等弁務官の緒方貞子《おがたさだこ》*さんの言葉を裏づけるものです。

ユニセフによると、教育を受けた母親の子どもは、教育を受けていない母親の子どもの2倍以上多く、学校に通っていると報告されています。*教育を受けたことのある母親は、教育の重要性をよく知っているため、自分の収入を子どもの教育に使う傾向があります。

たとえば、貧困層を対象にした小規模金融*でも、男性にお金を貸したばあいよりも、女性にお金を貸したばあいのほうが、子どもたちの就学率が向上したというデータ*があります。

は43％さがるというデータがある。（「21世紀の女児教育：ジェンダーの平等、エンパワーメント、経済成長」世界銀行東京事務所、２００９年）

＊5歳以上生き延びる：出典「Education Counts: Toward the Millennium Development Goals」（ユネスコ、２０１１年）

＊緒方貞子：国際政治学者。独立行政法人国際協力機構理事長、国連人権委員会日本政府代表、国連難民高等弁務官、アフガニスタン支援政府特別代表を歴任。

＊教育を受けた母親の子どもは、2倍以上多く学校に通っている：出典「Millennium Development Goals. Goal: Promote gender equality and empower women」（ユニセフ）

＊小規模金融（マイクロファイナンス）：無担保で少額の資金を低利子で融資してもらう金融サービス。詳細は第5章78〜79ページを参照。

＊就学率の向上：出典「Equality for Women: Where do we stand on Millennium Development Goal 3」（世界銀行、２００８年）

ガーナの教育者であるJ・E・クウェギール・アグレイ博士は、「男性のみに教育を提供し、女性を無視することは、人類の衰亡をまねく。男性への教育とは一個人を教育することだが、女性への教育は一家族を教育するのとおなじことだ」と提言しています。

このように、女の子への支援は本人のみならず、家族やひいては次世代までに及んでいくものなので、その効果は何倍にもなります。

理由④　地域をうるおし、国の経済を後押しする

学校や支援などをつうじて知識や技術を身につけた女の子は、必要な情報を伝える発信者として、また安全な地域をつくる活動家としての役割を担うこともできます。たとえば、プランの活動に参加する西アフリカのシエラレオネの女の子たちは、ラジオ番組を制作して女の子たちへの暴力をなくすキャンペーンを展開しています。中米のニカラグアでは、地域の防災マップづくりに女の子が活躍し、地域を災害から守る力となっています。

女の子の経済分野での活躍も、注目に値します。インドでは、中等教育を

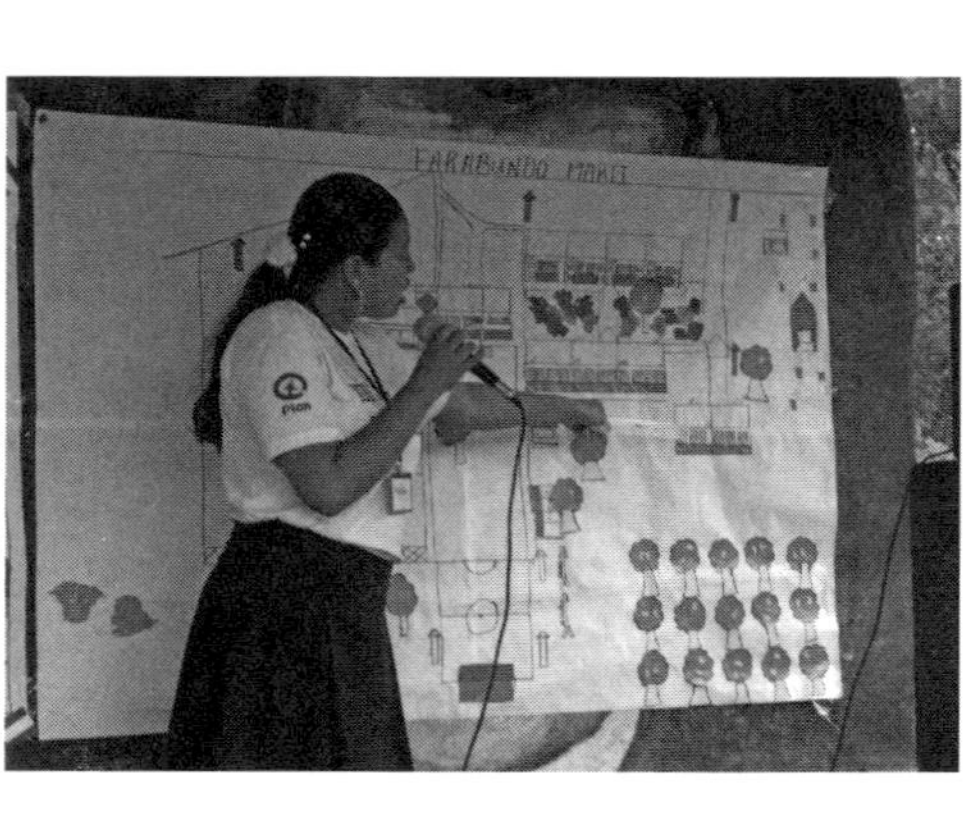

防災マップをつくって地域の安全対策を発表する女の子（ニカラグア）

＊インドのGDP：出典「Make it Right: Ending the Crisis in Girls' Education」(Global Campaign for Education and Results Education Fund, 2011)

受ける女の子が1％増えれば、国内総生産（ＧＤＰ）は55億米ドル増えると*いう推計があるのです。また、早すぎる結婚は、ケニアの経済に毎年5億米ドルの損失をもたらしている一方で、女の子への投資は、潜在的に32億米ドルもたらすという調査報告もあります。*ウガンダでは、職業訓練を受けて、美容室や食堂をひらいたり、靴職人として起業*した女の子もいます。女の子が経済活動に参加すれば、地域経済が活性化します。女の子たちが収入を得ることになれば、自治体や国にとって、女の子は大切な納税者になります。このように、女の子は地域や国の経済をもうるおす力*を秘めているのです。

女の子への支援は、貧困をなくす近道

２０１４年3月8日、「国際女性の日」であるこの日、潘基文《パンギムン》国連事務総長は、「ジェンダーの平等*がすすんでいる国々の経済成長率は、相対的に高くなっています。女性の幹部が多い企業は、より高い業績をあげています。和平合意も、女性が参加して成立した場合のほうが長続きします。女性議員が多い議会のほうが、健康、教育、差別禁止、育児支援など、重要な社会問

靴職人としてひとり立ちした女の子（ウガンダ）

＊ケニア経済：出典「The Girl Effect: Not Just Girls: Engaging Men and Boys is Key to Girls' Ability to Achieve their Full Potential」（ナイキ財団、２００９年）

＊起業：日用品をあつかう商店や美容室、衣服の仕立てなどに必要な職業訓練を受け、開店資金の貸付、道具などの支給によって起業が可能になる。

題に関する法律を多く成立させています」という、女性の役割を高く評価するメッセージを発表しました。

また、世界銀行のンゴジ・オコンジョ・イウェアラ*元副総裁は、「女の子への投資は正しいことです。そして賢いことなのです」と主張しています。

これまで、国連や各国政府は、その国の経済が発展すれば、その恩恵がしずくが落ちる*ように最下層の人びとにまで行きわたり、貧困はなくなるという考えにもとづいて支援をしてきました。実際、いくつかのアジア諸国は経済発展を遂げた結果、中間層が増えて貧困層が減るという成果がみられました。

しかし、大多数の国においては、数字上の経済発展は実現しても、ほとんどの貧困層はその恩恵を受けることなく、さらに貧しい状態におかれていることもわかってきました。恩恵を受ける人びとと、貧困のなかに「とり残された人びと」の格差は広がるばかりです。

「とり残された人びと」には、少数民族、障がい者、ストリート・チルドレンなど、特殊な環境にある子どもたちが含まれますが、女の子と女性はその最大のグループです。

＊国の経済をうるおす力：出典「世界ガールズ白書２００９年版：女の子と世界経済」(Plan International)

●タンザニアで女性が起業する障壁がとりのぞかれたら、国の経済成長率は1％上昇する。

●ケニアで女性が男性とおなじレベルの教育を受けたら、農産物の収穫は22％あがる。

●65の途上国と東欧諸国で多くの女の子が中等教育を受けられず、その経済的な損失の試算は、年間で約10兆円である。

＊ジェンダーの平等：第5章72ページ参照。

＊ンゴジ・オコンジョ・イウェアラ：ナイジェリアの経済学者で財務大臣。女性。

＊しずくが落ちる：トリクルダウン理論。「富める者が富めば、貧しい者にも自然に富が浸透する」という経済理論。

女の子と男の子が、協力しあいながら地域の課題を解決していくためのワークショップなどをおこなっている（インド）

女の子たちのおかれている状態は複雑で、文化や慣習というベールに包まれているため、外部からは認識しづらいのです。また国全体、社会全体というえからの画一的なアプローチでは、女の子たちが本当に必要とする支援は届かず、貧困はいつまでたってもなくなりません。

一方で、これまでみてきたように、女の子たちは貧困解決の主体者としての能力も秘めています。女の子のもつ可能性を開花させることにより、わたしたちは貧困の悪循環をたち切ることができるのです。そのためには、女の子一人ひとりの権利が守られ、主体性をもって人生を歩めるような環境を整えることが必要で、個々人がおかれた環境に対応し、一人ひとりの能力を生かしていける支援*が求められています。

では、どうしたらそれが実現できるのでしょうか?

次章では、その具体的な方法をみていきましょう。

＊一人ひとりの能力を生かしていける支援：貧富の格差拡大、紛争の多極化、気候変動などさまざまな問題をとおし、1990年代から「貧困とは、個々人が本来もっているべき権利が剥奪されている状態」という考えにもとづき、その権利を確保できるようにする「権利アプローチ」に変化してきた。2010年、国連は「とり残された人びとの問題を解決しない限り、MDGs達成はありえない」と発表。

第5章
世界では女の子が立ちあがっている

エンパワーメントってどんなこと？

女の子が困難を乗り越え、よりよい人生を歩むためには、「エンパワーメント*」がカギだといわれています。エンパワーメントとは、女の子が決定権、判断力、行動力、情報収集力、交渉力、自尊感情や自己肯定感など、あらゆる力＝「パワー」を身につけることをいいます。エンパワーメントされることにより、つぎのようなことが実現できます。

●女の子が自尊感情をもち、自分を大切な存在だと感じる。
●何を勉強してどんな職業につくか、いつだれと結婚するか、いつ何人子どもをうむか、選挙ではだれに投票するかなど、自分の人生に関して選択肢をもち、正しい決断をくだすことができる。
●自分に関係する社会の重要事項について発言でき、意見が尊重される。
●権利の実現をさまたげる壁を自分たちで乗り越え、経済力を得て、貧困の悪循環をたち切ることができる。
●ほかの女の子と協力しながら、社会の問題をともに解決できる。

*エンパワーメント：もともとの英語は、「権限や力を与える、人に力をつけさせる、自立させる、地位を向上させる」などの意味。

女の子のパワーには2つの種類があります。「女の子自身がもつパワー」、そして「ほかの人とともにうみ出すパワー」です。どちらのパワーも必要なものです。

「女の子自身がもつパワー」は、物事を決めて実現する能力、自尊感情をもつことを意味します。

「ほかの人とともにうみ出すパワー」は、1人では無理でもほかの人といっしょに協働することでうまれる力です。

人種差別と性差別に反対しつづけたアメリカ人の作家アリス・ウォーカー*は、「人が自分のパワーをあきらめてしまうもっとも多い理由は、自分にはそんなパワーがないと考えるから*」だといっています。

女の子が自分自身の能力に気がつき、その能力をのばして発揮する場をもつことはとても大切です。共通のゴールをもった仲間を得ることは、女の子に安心できる場所を、さらには信頼や友情にもとづいた大きな力を与えます。

「エンパワーメント」という言葉は、1980年代の途上国の女性たち*によって使われるようになりました。途上国の女性が直面する特有の問題に焦

＊アリス・ウォーカー：1944年生まれのアフリカ系アメリカ人の作家。『カラーパープル』で1983年、ピューリッツァー賞を受賞。

＊アリス・ウォーカーの言葉：出典「The Best Liberal Quotes Ever: Why the Left Is Right」

＊途上国の女性（DAWN）：1984年に設立された「南側」のフェミニスト、研究者、活動家によるネットワーク。「エンパワーメント概念は、もともとは1980年代中頃、開発途上国の女性たちによる異議申し立てのなかから提案されたものであった。それは階級的、政治的立場を明確にした対抗運動のスローガンであった」（『開発とジェンダー』、国際協力出版会、2002年、241ページ）

点をあて、女性を主体として問題を解決していくという考えかたにもとづく、きわめて政治的な意味合いが強い言葉でしたが、その後、一般的に使われるようになりました。

そのきっかけが、第４回世界女性会議*でした。採択された「北京宣言および行動綱領」は、今日にいたるまで女の子と女性の問題を解決する柱になっています。２０１４年３月８日の「国際女性の日」に際して、潘基文《パンギムン》国連事務総長は「貧困をなくし、持続可能な開発を促進するとりくみの一環として、女性の権利とエンパワーメント、ジェンダー平等*の実現に向け、ともに力をあわせようではありませんか。女性にとっての平等は、すべての人にとっての前進となるのですから」というメッセージを寄せています。

女の子のエンパワーメントは、まさに国際的なとりくみが必要とされる大きなテーマになっています。

女の子のエンパワーメントに必要な3つの力

では、どうすれば女の子のエンパワーメントが実現できるのでしょうか？

*第４回世界女性会議：北京会議。第４章57ページ参照。

*ジェンダー平等：ジェンダーとは、女の子、男の子といった生物学上のめすとおすを示す「セックス」に対し、女の子や女性、男の子や男性それぞれに割り当てられた、役割分担や価値観などを表す言葉。社会的・文化的につくりあげられたものであり、生物学的に決定されるものでもない。ジェンダー平等とは女性も男性も、女の子も男の子も、またジェンダー指向にかかわらず、すべての人びとが社会においておなじ権利を行使できること。

冊子「ジェンダー平等に関するプランの方針～すべての子どもに平等な世界を」「子どもの権利条約」に対応させながら、プランのジェンダー平等に関する指針が記されている。

女の子のエンパワーメントは、女の子自身の力はもちろん必要ですが、まわりの協力や応援、社会のしくみがないと、真の意味で実現できません。そのために必要な３つの力があります（図①）。

①個人の力、主体性

・女の子と女性が正しい決断をくだすための能力、さらにその決断を実現するための自信。さらに、政治や社会に参加し、自分たちの意見を反映させる力

・女の子と女性に加えて、男の子、男性が女の子と女性への差別をなくすために行動する能力

②親や家族、地域社会からの励ましや理解、協力

・女の子と女性に対する差別をなくす環境づくり

・女の子と女性を低く価値づけ差別する社会的規範、態度、行動をかえる努力

図①　エンパワーメントをうながす３つの力

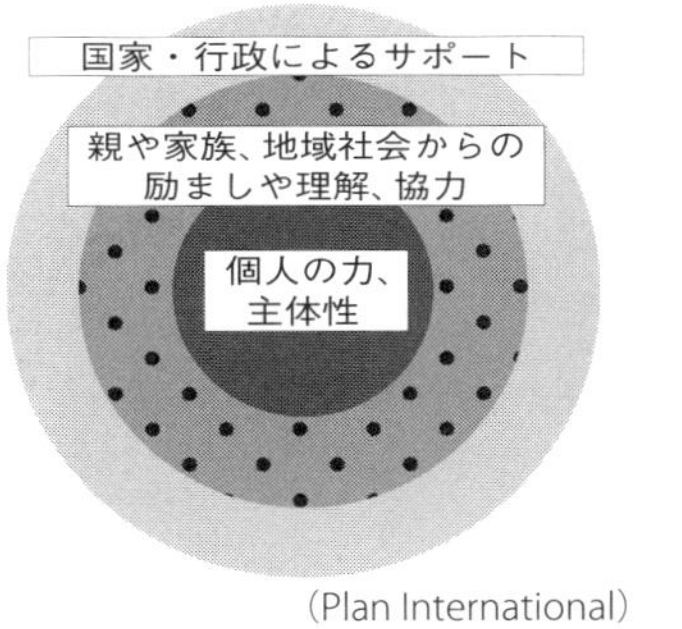

（Plan International）

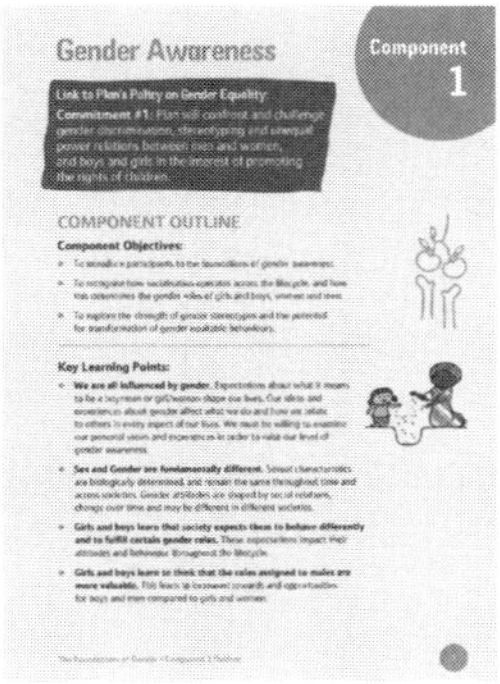

「Planting Equality」
プランの方針を実現するためのトレーニングマニュアル。作成には3年以上を要し、2000人以上の現場の声を反映させた。プランの活動に携わるすべての関係者を対象としている。

③国家・行政によるサポート

・女の子と女性に不利な法律や法制度の改善、平等の促進につながる施策の実施

「エンパワーメントへの道」（図②）をみてください。ある女の子がプランの「女の子クラブ」に入ってから、エンパワーメントを実現するまでの過程を示したものです。「女の子クラブ」は女の子たちが自分をとり巻く問題に気づき、解決のために何ができるかを考え、さまざまな活動に主体的にとりくむことを目的としています。クラブ活動をつうじて、リーダーシップやチームワーク、コミュニケーションを学び、考える力や発言力を身につけます。こうした活動は、自己肯定感を高めることにもつながります。

しかし、「『女の子クラブ』に参加する」こと自体が問題になる地域もあります。家族の許可や応援がないとクラブをつづけらず、家族からの応援があっても、行政から発言の場を与えられないと、「女の子クラブ」の活動自体が発展しません。

このように、「女の子クラブ」の例でも女の子が真の意味でエンパワーメ

「女の子クラブ」の活動で早すぎる結婚の害を訴える女の子（スーダン）

図② エンパワーメントへの道

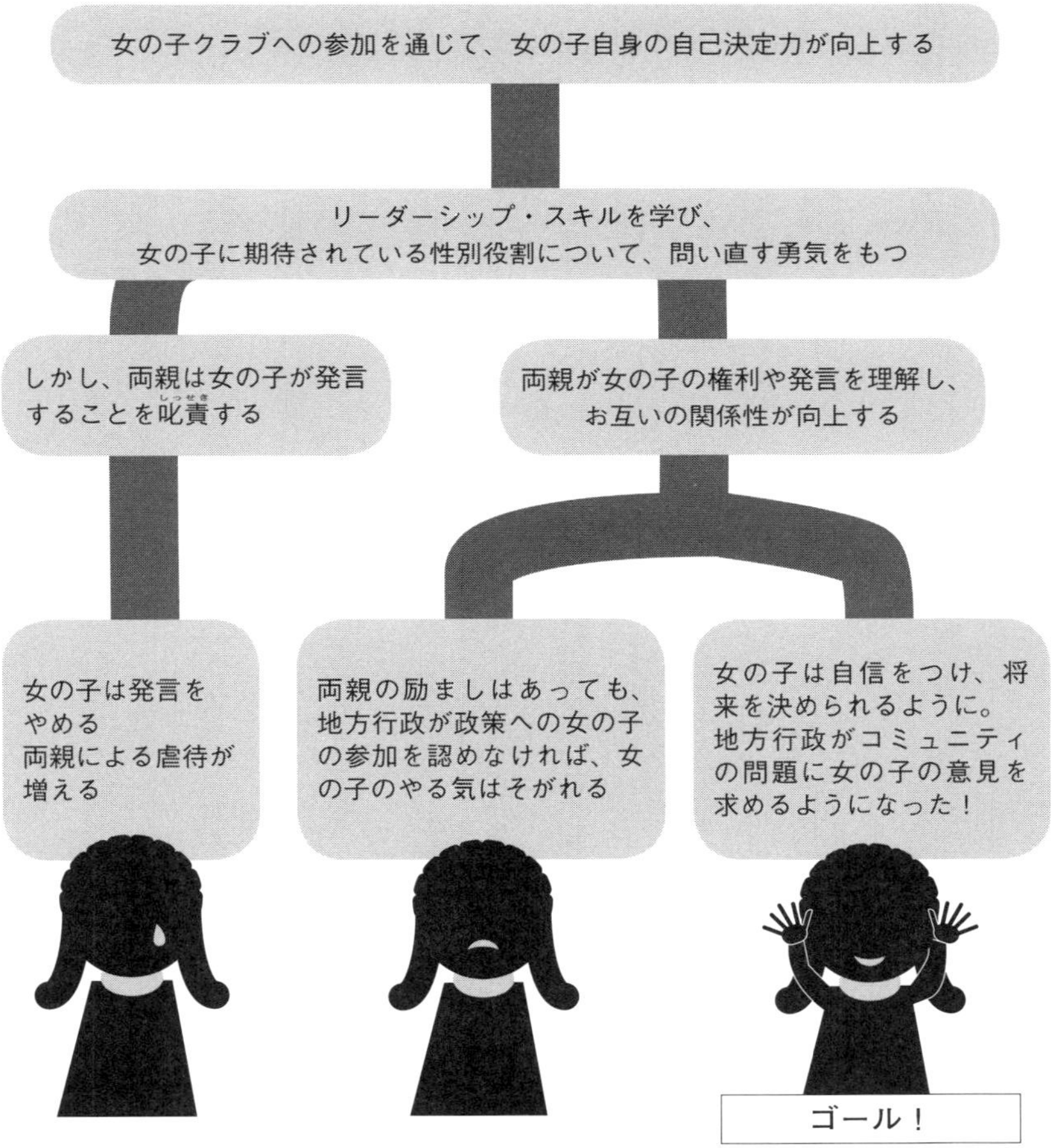
女の子クラブへの参加を通じて、女の子自身の自己決定力が向上する
リーダーシップ・スキルを学び、
女の子に期待されている性別役割について、問い直す勇気をもつ
しかし、両親は女の子が発言することを叱責《しっせき》する
両親が女の子の権利や発言を理解し、お互いの関係性が向上する
女の子は発言をやめる
両親による虐待が増える
両親の励ましはあっても、地方行政が政策への女の子の参加を認めなければ、女の子のやる気はそがれる
女の子は自信をつけ、将来を決められるように。地方行政がコミュニティの問題に女の子の意見を求めるようになった！
ゴール！

（Plan International）

ントを達成するためには、個人の力、親や家族、地域社会の協力、行政の後押しといった3つの力が必要なのです。

図③をみてください。女の子のエンパワーメントには、3つの力に加えて、大きくわけて4つの側面における「資産」が必要です。「資産」といっても女の子にチャンスや将来の展望を与えることがらのことです。女の子のライフステージによって、その重要度がかわっていきます。

「エンパワーメント達成の星」（図④）は、プランが女の子のエンパワーメントの達成度合いを測るために使っている表です。8つの質問に答えてもらい、エンパワーメントの進度が大きいほど、バランスのとれた大きな八角形が完成します。

エンパワーメントを実現する7つの活動

①女子教育をすすめる

教育を受けることは女の子の権利であり、正しい決断をするために必要な

図③　女の子のエンパワーメントに必要な「資産」

【個人的側面】	【社会的側面】	【経済的側面】	【物質的側面】
●知識・技能 ●ライフ・スキル ●自尊心 ●決定する力 ●好きな場所に行ける自由 ●健康 ●時間 ●あらゆる社会サービスへのアクセス	●安全な場所 ●仲間とのネットワーク ●ロールモデル（理想とする人） ●信頼できる指導者・先輩 ●女性教師 ●社会的なサポート ●仲間としての男の子・男性 ●社会参加の機会	●貯蓄ができ、ローンを受けられる ●金融や経済に関する十分な知識 ●金融サービスへのアクセス ●ビジネススキル ●職業上のスキル ●自分の金融資産を利用でき、かつあらゆる決定権をもつ	●学校に行くための制服や教科書 ●自分のもちもの ●安全な移動手段 ●安全な学校

出典：「Because I am a Girl: THE STATE OF THE WORLD'S GIRLS 2012」（Plan International）

図④　エンパワーメント達成の星

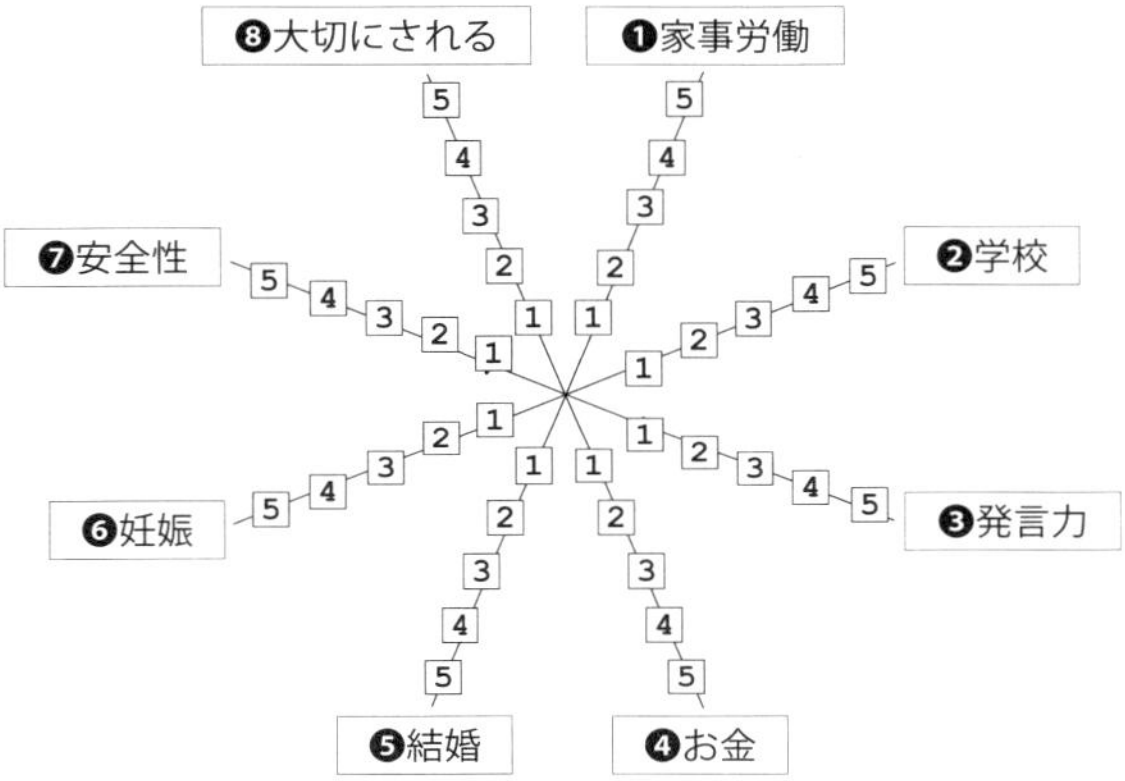

■エンパワーメント達成の８つの設問

質問		ない	めったにない	ときどき	頻繁	いつも
❶ 家事労働	女の子と男の子はきょうだいの世話も含めて平等に分担をしていますか？	1	2	3	4	5
❷ 学校	女の子は少なくとも９年間の学校教育を修了していますか？	1	2	3	4	5
❸ 発言力	女の子は大人の男性の前で意見をいえますか？	1	2	3	4	5
❹ お金	女の子はお金の使い道について自分で決めることができますか？	1	2	3	4	5
❺ 結婚	女の子はいつ結婚するか自分で決めることができますか？	1	2	3	4	5
❻ 妊娠	女の子は妊娠するかしないか自分で決めることができますか？	1	2	3	4	5
❼ 安全性	女の子は地域で身の安全を感じることができますか？	1	2	3	4	5
❽ 大切にされる	女の子の問題はこの地域で重要視されていますか？	1	2	3	4	5

（Plan International）

知識が得られます。女の子への教育をすすめるためには、教育環境の改善*と、女の子が教育を受けることへのまわりの理解が向上*することの両方が重要です。

女の子は結婚や出産を機に、早い段階で学校をやめてしまうケースが多いことから、復学支援や非公式教育の実践も重要です。

②職業訓練をおこなう

公式教育を十分に受けることができなかった女の子にとって、職業訓練は就職するための重要な機会です。読み書きに加え、基本的な職業能力のほか、コミュニケーション能力、資金管理、接客、リーダーシップや自尊感情を高めるためのライフ・スキルトレーニング*などがおこなわれます。求職中や就労後のカウンセリングなど、きめ細やかなサポートとともに、雇用主との関係づくりなどが必要です。

③金融サービスを提供する

バングラデシュのグラミン銀行のように、おもに途上国の女性を対象とし

男女別のトイレがあるとプライバシーが守られ、女の子の就学を後押しする

＊教育環境の改善：
学校の新設
女子寮の建設
奨学金の支給
女子トイレ建設など

＊教育に対する周囲の理解向上：
親や地域の人びとに対する啓発
女子生徒への暴力の根絶
教師や生徒たちへの意識啓発
復学支援と非公式教育の実施
女性教員の増加
カリキュラムの見直し

た小規模金融は、無担保で少額の資金を融資する金融サービスとして、貧しい地域の女性たちに起業するチャンスをもたらしています。

多くのばあい、女性たちがグループを結成し、返済の義務を共同で背負います。さらに、帳簿づけなどの資金管理ができるトレーニングなども受けます。借りた資金を元手に、自分たちが得意な事業をはじめますが、成功すると経済的な自立が可能になるばかりか、家族の生活を向上させることができます。女性たちが共同で活動するため、成功をグループで共有できることも小規模金融の利点です。事業をはじめるには、夫や家族の理解や協力が不可欠です。

④保健・医療システムを改善する

性教育、安全な妊娠管理と出産ができるような施設の整備、産前産後の母子保健サービスの充実、婦人科健診、家族計画、さらにＨＩＶ／エイズなどの性感染症予防のための意識啓発など、さまざまなとりくみがあります。

母親になったときには、子どもの命を守ることができるしくみが不可欠です。パートナーや家族の理解とサポートが必要なため、男の子や男性の意識

＊ライフ・スキルトレーニング：基礎教育に加え、生きていくうえで必要な生活技能を身につける教育。意思決定、問題解決、創造的思考、批判的思考、コミュニケーション、人間関係、自己意識、共感性、ストレスへの対処などを遂行できる能力を育む。

中途退学した女の子に向けての職業訓練で裁縫を習う

をかえるような啓発活動もあわせておこなわれています。

⑤インフラを整備する

水汲みなどの家事労働の負担を減らすことも重要な活動の1つです。代表的な例として、井戸建設があります。村に井戸ができれば、女の子は何時間も歩かなくてはならない水汲みの重労働から解放されます。また水汲みに費やす時間で学校に行ったり、勉強したり、遊んだりする時間ができます。

⑥暴力根絶をアピールする

女の子と女性が教育を受け、経済力をつけたとしても、心身に深い傷を与える暴力は、女の子と女性に恐怖心を植えつけ、深い傷を負わせてエンパワーメントの機会と成果を根こそぎうばってしまいます。地域でのイベント、キャンペーン、個別のカウンセリングなどをとおして、女性に対するあらゆる形態の暴力（家庭内暴力、性的虐待、人身売買、女性性器切除など）の撲滅を訴えます。

「女の子への教育は早すぎる結婚をなくすためにも有効です」と訴えるポスター

⑦法律・政策を見直し、女性リーダーを育成する

差別的な法律や法制度を改善するために、行政に対して、地方自治体レベルから国家レベルまでの政策提言をおこなうことも重要な活動です。このとき、「機会の平等*」を整備するだけで、あとは女の子に努力を押しつけるのではなく、「結果の平等*」が達成できるように女の子のニーズを分析し対応することが必要です。

また、法律を正しく周知させることも必要です。たとえば、法律では18歳未満の結婚を禁止しているにもかかわらず、女の子が18歳未満で結婚するケースが後を絶たないばあい、親や地域の人びとが法律を知らないこともあります。行政への働きかけ、さらに法律の周知をおこなうことが重要になります。また、政策の策定、立法のプロセスに女性が参加できるように、女性リーダーの育成が必要です。

こうしたすべての活動においてもっとも重要なのは、女の子や女性に対して「これをしてはいけない」「こうすべきだ」とする伝統や価値観に疑問を

プランの支援を受けた女の子たちによる暴力反対の啓発活動（バングラデシュ）

＊機会の平等：おなじ機会を全員に提供し、全員におなじ対応をする。このばあい、この機会を利用できるかできないかの個々人の状況の違いは認識されておらず、特定の個別ニーズには対応していない。

＊結果の平等：全員が平等に恩恵を受けるように保証する。このばあい、平等に与えられた機会を利用できない人びとの状況を把握しており、異なるグループに異なる対応・対策をとる。

投げかけ、女の子や女性とともに現状をかえるために立ちあがることです。伝統や社会的慣習、社会的価値観、性別役割などによって年長者や男性などから出される具体的な命令や指示は、女の子にとって絶大な力をもっています。村の慣習と異なった行動を起こすと、仲間はずれにされたり、いじめられたりする危険がともないます。しかし、こうした危険から女の子を守りつつ、少しずつでも変化を起こすことが必要です。

女の子が活躍！　現場からの事例

①女子サッカープロジェクト――ガーナ

ガーナでは、全人口の3分の2が都市部以外の農村地帯に住み、毎年のように干ばつと洪水に悩まされています。人びとの生活はきびしく、教育が行き届いていません。識字率が低く、プランが活動するガーナ南部のアセセワでは、60％もの女の子が中途退学しています。

将来の働き手として期待されていない女の子は、伝統的に教育を受けるに

サッカーの試合は、地域の人びとも観戦し、白熱する。「チームの一員になって、自分の夢を誇れるようになりました」と参加者の女の子（ガーナ）

値しないと考えられているからです。女の子や女性にかかわることを決めるのは長老（男性）で、女の子の意見は聞かれません。女の子は勉強のかわりに、家、市場、農場での労働を強いられています。

女の子を学校に通わせるために、プランはガーナの人びとがサッカー好きであることに注目し、女の子のサッカーチームを結成し、学校に在籍していることをチームに入る条件にしました。経済的にきびしい家庭の女の子には、学業をつづけるための奨学金を支給し、年長の女の子には、織物、おかしづくり、石けんづくりの技術を修得してもらい、小規模金融から融資を受けて、小商売ができる職業訓練プログラムを実施しました。

このプロジェクトをとおして奨学金を得ることができた女の子は、学校に通ってサッカープロジェクトに参加しました。

「サッカープロジェクトはとても助かりました。わたしは孤児で、身寄りがなく、学校に行かせてくれる人がいませんでした……」と、話しました。

サッカーをすることで体力がつき、学校の授業に集中できるようになった女の子、人前で意見がはっきりいえるようになった女の子、奨学金を受けることによって学校をつづけられ、職業訓練によって将来の選択肢が広がった女の子もいます。

さらに、サッカーをとおして、女の子同士のグループができ、教育や保健、ＨＩＶ／エイズなど、自分たちにかかわる問題を話しあい、考える機会がうまれました。

「昔は年長者が何かを決めるときに、女性、とくに女の子の意見は聞いてもらえませんでした。でもこのプロジェクトをつうじて、女の子の問題を理解してもらうことができました。いまでは女の子も年長者に混じって、話しあいに参加しています」と、チームのある女の子が話してくれました。プランのサッカープロジェクト開始から約５年、女の子の就学率が15％上昇しました。

②家計向上プログラム――ニカラグア

プランは、ニカラグア北西部のマドリス県で、２０１０年から約2年間、「家計向上プログラム」を展開しました。これは、貧しい家庭の収入を増やすこころみとして、約６００世帯を対象に農業技術から農産物の流通・販売に関するトレーニングや、養蜂やワインといった新しい生産物の生産技術を紹介するものでした。対象となった世帯のなかには、若い世代が家族の代表者として参加するケースもありました。

17歳の女の子だったマーサさんも、この「家計向上プログラム」に参加した1人です。マーサさんは6人きょうだいの末っ子で、小学校、中学校まではなんとか卒業できましたが、17歳で高校を中途退学せざるを得ませんでした。職業訓練の機会もなく、職を得ることができないマーサさんは、自分の状況をかえたいと強く思っていました。

「プランのプログラムは、若者がもつ潜在能力を引き出そうとしてくれました。ビジネスをはじめるリスクや女性差別など、さまざまな観点から指導してくれたので、起業のための十分な準備ができました」と話しています。

マーサさんは現在、13歳から23歳の男女15人の若者を率いて、養蜂事業で成功しています。養蜂に必要な備品やトレーニングはプランが提供しましたが、いまでは22の養蜂箱で、年4回合計で550リットルを採蜜し、地元の市場に流通させるまでになりました。

マーサさんたちは自分たちの成功を、ほかの子どもたちのために還元することを考え、売り上げを授業料援助にあてています。さらに、教育を受ける

養蜂にたずさわるマーサさん（ニカラグア）

重要性を、地域の人びとに訴えるためにイベントを開催しました。学校に行かず就職もしていない若者をサッカーコーチとして雇い、地元の子どもたちを集めてサッカーチームを組織したり、ギターが得意な若者をギター教師として養成するなど、若者の起業や雇用、社会参加を具体的な形で支援しています。

マーサさんは、政府が主催する「若い起業家たちによる全国会議」に参加し、自分たちの事業について紹介したことがあります。このときに、活動が認められたことから、プランと共同して、地元自治体でイベントも開催しています。予想以上の反響があり、地元経済の活性化のために、おなじようなイベントをもっとやりたい、とマーサさんに助言を求める政治家もいました。

いま、マーサさんは、養蜂ビジネス、サッカーやギターをつうじた若者たちの社会参加支援に加えて、夜は若者を対象にした学習塾でリーダーシップの身につけかたや子どもの権利について、教えています。その一方で、社会学を専攻する大学３年生として学んでいます。

「わたしは将来、自分の会社を立ちあげ、若い人たちが働ける場所をつくりたいです。安定したしごとをもちながら、自分の地域に貢献したいと思います。まずは、大学で社会学の学士号をとらなくてはなりません。クリスチャンとしての信条を大切にしながら、わたしは独立した1人の女性として、またまわりの人びとの役に立つ人間として、生きたいと願っています」と決意を語っています。

第6章
女の子を助ける男の子は、自分も幸せになる

男の子も大変な目にあっている

「女の子は、稼ぎ手になれない」「女の子は、男の子より価値がない」そんな女の子への偏見を裏返せば、「男の子は、強くなければならない」「男の子は、弱音を吐いてはいけない」「男の子は、リーダーになるべき」「男の子は、稼ぎ手となって家族を養っていかなければならない」という男の子への偏見につながります。

実は、こうした「伝統的な男らしさ」という思いこみが、男の子自身を追いつめています。女の子への偏見と男の子への偏見は、コインの裏表なのです。

男の子や若い男性は、交通事故、自殺、暴力などで死ぬ確率が高く、これは「男らしくなければならない」という思いこみによるものが多いためと、報告されています。* 「男性は強く、女性を支配するもの」という男性優位主義（マチスモ）* が定着しているジャマイカ、ブラジル、コロンビアといった国や、サハラ砂漠より南のアフリカの国ぐにでは、こうした原因で死亡する

＊男の子や若い男性の死亡原因：出典「世界ガールズ白書2011年版：男の子の役割」（Plan International）

＊男性優位主義（マチスモ）：ラテンアメリカを中心にみられる「伝統的な男らしさ」を強調する考えかた・生きかた。中米のホンジュラスでは、中学校の就学率は女の子の82％に対して男の子は67％。「男の子は自由にふるまっていい」「男の子は稼いで家計を助けるべき」という男性優位主義の風潮が、学業をやめたり、働いたりすることを男の子に選ばせている。

若い男性の数は、戦争中の国で死ぬ若い男性よりも多く、西ヨーロッパでは、24歳までの男性の死因のうち、約60％を前述の要因が占めているとされています。

国際労働機関（ＩＬＯ）によると、* 児童労働させられている5歳から17歳の子どもは、世界に約1億６８００万人おり、その内訳は男の子が1億人、女の子が６８００万人と、男の子のほうが多いのです。

「男らしさは強さ」という誤った思いこみが、男の子を危険な行為にかり立てたり、男の子自身の命や安全をおびやかしたり、労働を負わせたりする結果になっています。

男の子や男性からの協力が大きな力に

一方で、女の子のエンパワーメントを実現するには、父親、夫、兄弟、恋人、友人としての男の子や男性の役割が重要です。女の子や女性よりも発言力や決定権をもっている男の子や男性は、女の子の人生をかえる手助けをすることができます。

ディワンさん（13歳）は、市場で車を洗う労働をしている（パキスタン）

＊児童労働している子ども：出典　国際労働機関駐日事務所
http://www.ilo.org/tokyo/areas-of-work/child-labour/lang--ja/index.htm
（２０１４年８月アクセス）

そして、女の子のエンパワーメントの実現に向けて男の子が協働することで、男の子自身の自由や人生における選択肢が増えていきます。

2014年3月8日の「国際女性の日」に、潘基文《パンギムン》国連事務総長は「わたしとおなじ男性と男児に対しても、メッセージをおくります。自分たちの義務を果たしましょう。女性と女児、つまりみなさんの母親や姉妹、友人、同僚が実力を十分発揮できれば、わたしたち全員の利益となるからです」という男性の役割を強調するメッセージを出しています。

さて、「伝統的な男らしさ」は、男の子自身を苦しめているという問題意識から活動しているグループがあります。

ブラジルのリオデジャネイロにあるインスティテュート・プロムンドは、1997年の設立以来、「伝統的な男らしさ」の社会観念が若い男性にさまざまな問題をもたらしていることに注目して、15歳から24歳の男性を対象にして性教育や非暴力トレーニング、人権意識の啓発活動をおこなっています。そのアプローチはラテンアメリカをはじめ、アジア、アフリカの多くの国ぐにでもとりあげられています。

インスティテュート・プロムンドの「伝統的な男らしさ」について考える

ジェンダーや女の子との対等なかかわりかたなどについて学んだ男の子たち（ホンジュラス）

「プログラムＨ*」の活動に参加した男性たちのあいだで、友人や恋人との関係が改善し、男性の責任として家事を引き受ける割合が増加し、セクシュアルハラスメントや女性への暴力が減るなど、数々のよい変化が報告されています。「プログラムＨ」に参加した男性のガールフレンドも、２人の関係が以前よりもよくなったと感じている、と回答しています。

インドでの「プログラムＨ」の実績では、パートナーに対する暴力を正当化する人の割合は、25％から18％に減り、ブラジルでは女性を自分と対等だと考える男性の割合が、48％から68％に増えたという効果が報告されています。

「ぼくは、ガールフレンドともっとよく話をすることを学びました。いまでは彼女のことをより気にかけるようになりました。相手が何を求めているかを知り、相手の声に耳を傾けるのは大事なことです。以前は、ただ自分のことばかり気にかけていました」

これは、「プログラムＨ」に参加したブラジル人の若い男性の発言です。

男の子が「伝統的な男らしさ」の偏見から解放され、女の子に対する敬意をもって、エンパワーメントを後押しすると、たとえば、つぎのような結果

＊プログラムＨ：Ｈはポルトガル語で「Hommes（男性）」を意味する。インスティテュート・プロムンドなど３つのＮＧＯが考案したプログラム。ジェンダー平等を実践する男性グループと男性優位主義者のグループという２つのグループの違いに着目させることで、暴力がもたらす結果を参加者に考えさせるもの。暴力以外にも、性差別主義や同性愛もとりあげ、若年の男性だけでなく女性にも対象を広げている。

が期待できます。

●パートナーを対等な相手として尊敬の念をもって接することで、充実した幸せな家庭生活や人間関係をつくり出すことができます。

●父親として家事や子育てに参加することで、子どもたちと温かい関係を築くことができます。

●自分だけが重要なことを決定しなくてはならない、というストレスから解放されます。

●一家の稼ぎ手である重圧から解放され、職業や生き方の選択肢が増えます。

●問題が発生したら、男性だけではなく、女性とともに解決策を探すことができます。

●パートナーと2倍の力で社会をよくすることができます。その結果は女性のみならず、男性も受けとることができます。

実際、子どもの人生に前向きにかかわる父親は、うつや自殺、暴力に訴えるケースが少ないという調査結果*が出ています。また、プランがイギリス、ルワンダ、インドなど数カ国の12歳から18歳の子どもを対象におこなった調

プランは男の子と男性を対象とした意識啓発活動を、ホンジュラス、グアテマラ、エルサルバドル、ドミニカ共和国の中米カリブ4カ国で実施している

*子どもの人生に前向きにかかわる父親：出典「世界ガールズ白書2011年版：男の子の役割」(Plan International)

査では、両親が家事を分担している姿（例：父親が料理や洗たくをし、両親が2人で意思決定をおこない、母親が家庭の内外で自由に時間を過ごす姿）をみることがうれしいと、多くの子どもたちが答えています。

女性と「パワー」をわけあうことは、結局は男性の「パワー」を損なうどころか、男性もエンパワーメントされることにつながります。いまでは、「伝統的な男らしさ」がもたらす弊害について、男性が気づきはじめ、各地で行動を起こしはじめています。

しかし、女性との役割分担や関係性に変化をもたらそうとする行動は、社会から笑われたり、おなじ男性、あるいは「伝統的な男らしさ」を信じる女性たちから非難されることがあります。

パキスタンで妻が非公式教育を受けているモハメドさんは、地域の人びとから笑いものにされました。

「地域の人たちは、妻が学校で教育を受けることを応援するわたしをばかにしています。結婚した彼女が、なぜ教育を受けるのか理解できないのです。でも、友人や親戚にからかわれてもわたしは気にしていません」

「人の考えかたをかえることはたやすいことではありません。時間がかかるものです。地域の人びとを訪問して、話をしながら、女の子の教育の重要さを伝えることができればよいと思います。女の子が教育を受けることは、女の子が力をつけるために不可欠です」と、モハメドさんは語ってくれました。

生理用ナプキンをつくるケニアの男の子

ケニアの男の子、ニクソンさん（16歳）は、「女の子を学校に」という運動をはじめています。首都のナイロビで暮らしていますが、３歳のとき、お父さんが家を出てしまい、お母さんは学校に通ったことがなく、よい職にもつけず、きびしい生活で心労を重ねていました。

ニクソンさんのお姉さんも学校に行ったことがなく、15歳のときに結婚し、４人のお母さんになりましたが、夫が酒飲みで働かず、日々の食べものにも困る状況でした。もし、お母さんやお姉さんが教育を受けていたら、しごとに就くことができ、苦労をしなくてもよかっただろうと、ニクソンさんは教育を受けることの重要性を痛感していました。

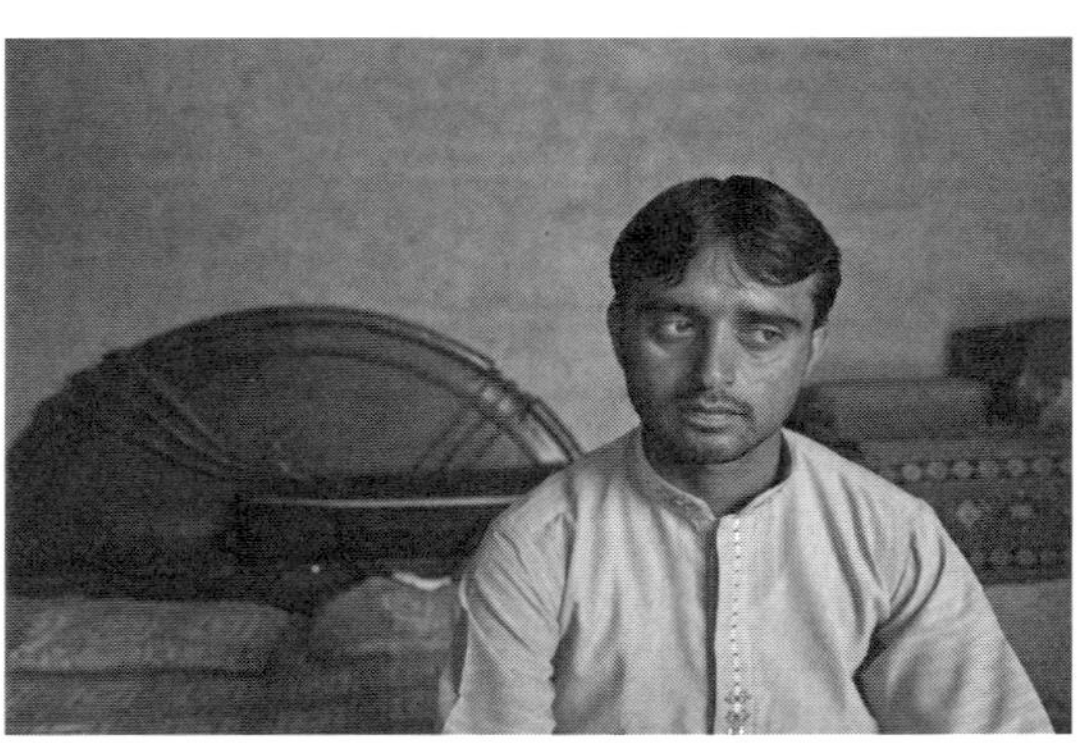

モハメドさん（パキスタン）

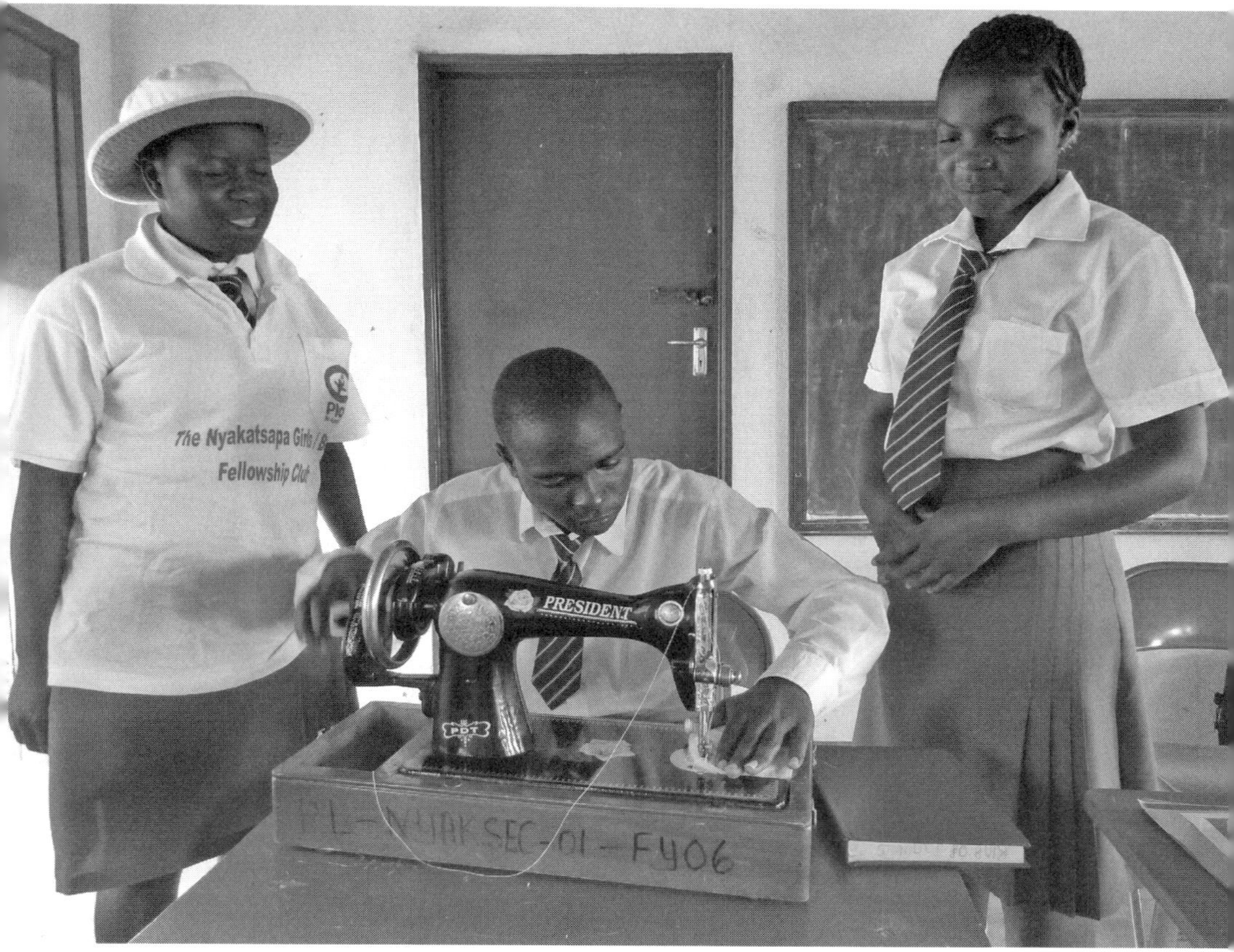

クラブ活動の一環として、女の子といっしょに生理用ナプキンをつくる男の子（ジンバブエ）

ニクソンさんが小学校に入学したとき、クラスには大勢女の子がいましたが、学年があがるにつれ、女の子の数は減りはじめました。16歳のニクソンさんのクラスには、女の子が2人しかいません。ケニアの農村部では、小学校を卒業する女の子の数が、男の子と比べて半分しかいないのです。

ニクソンさんは、ナイロビにある40校の生徒でつくった「10代の見守りクラブ」という活動に参加しています。このクラブは男女の生徒が集まって、貧困問題、HIV／エイズ、早すぎる結婚など、とくに10代の若者の問題を話しあうグループです。

あるとき、女の子が、「生理のあいだは学校に行くのがとてもつらい」と打ち明けました。生理用ナプキンを買うお金がないので、教室ではきまりが悪い思いをし、勉強にも集中ができない、というのです。

その告白を聞いたニクソンさんは、「女の子を学校に」というキャンペーンを立ちあげて、女の子に生理用ナプキンを配る活動をはじめました。仲間を集めて関心を寄せてくれそうな人たちに手紙を書き、キャンペーンへの支援を訴えました。

また、サッカー大会を開催し、観客に寄付をお願いしました。このサッカー大会では、5万ケニアシリング（約6万円相当）を集めることができました。そのお金で、生理用品1000セットを買い、スラムのなかにある10校の女子生徒たち500人に届けました。

ニクソンさんは将来、女の子が毎月無料で生理用ナプキンを受けとれるようなしくみをつくりたいと考えています。「大人に意見を聞いてもらうのはむずかしいし、ぼくは貧しいので携帯電話やパソコンを手に情報を発信したりするのも困難です。でも政府や企業、そしてNGOなどに根気強く訴えて、1人でも多くの女の子がぼくたち男の子といっしょに学べるように努力したいです」とニクソンさんは話しています。

女の子への暴力をなくそう——ルワンダの男の子のよびかけ

ルワンダでは、学校内外での女の子への暴力が多くみられます。プランの調査によると、2010年だけでも学校で性的暴行事件が614件発生し、被害者の98%が女の子でした。発生件数の23%が小学校、56%が中学校、21%が高校で起きています。

地元NGOのメンズ・リソースセンター*は、2006年に女性に対する暴力をなくすために男性を中心に立ちあげられ、12歳から20歳の男の子を対象に活動を展開しています。ムニャマリザ・エドアルド所長は、「男性優位の考えかたの広まりは、文化的な理由が背景にあり、女性もそのような考えかたを受け入れてしまっている。それが暴力の横行をまねいている」と指摘しています。

地元のルフハ・コンプレックス学校では、メンズ・リソースセンターで非暴力意識改革トレーニングを受けた男の子たちが、毎日学校のそうじをするまでになっています。この地域では、そうじは女性が男性に対して従属的な関係にあることを象徴するしごとと考えられています。

男の子がそうじをすることで、男女による伝統的な役割がかわることをまわりに訴えるとともに、女性は男性にしたがうものという力関係をかえ、女性も男性も対等であることを、男の子たちが行動で示しているのです。

男性は女性を支配するために、暴力をふるうことがよくありますが、男の子がそうじをすることで、女性は男性に支配され、暴力の対象になるのが当たり前という考えをかえようという、強いメッセージがこめられています。

女の子への暴力をなくすための活動に参加した対象学校の生徒（ルワンダ）

＊メンズ・リソースセンター：2006年に有志によって設立されたルワンダのNPO。性暴力や性差別の問題にとりくんでいる。

エマニュアルさん（15歳）は「そうじは伝統的に女性のしごとなので、そうじをするぼくたちをみて笑ったり、ばかにしたりする人もいますが、そんなことは気にしません。ぼくたちが毎日やりつづけることで、まわりの人にメッセージを伝えたいと思っているのです。それが、いずれ女の子を大切にするような変化につながればよいのです」と話しています。

女の子が被害者になったり、男の子が加害者になるような社会をかえるために、中学生、高校生の男の子たちが、若いエネルギーで社会に変化をもたらすことが期待されています。

「伝統的な男らしさ」の思いこみを捨て、「男の子は稼ぎ手、女の子は家事・育児」という役割分担の決めつけをゆるやかなものにかえて、男の子と女の子が協力しあえば、それは女の子のみならず、男の子が生きやすい社会の実現につながるのです。

「女の子のエンパワーメントに協力しよう」と呼びかける男の子（リベリア）

第7章 世界が女の子を応援しはじめた！

マララさんに世界中が注目

２０１２年10月、パキスタンのマララ・ユスフザイ*さんがスクールバスで帰宅途中、武装勢力に襲われ、頭を銃で撃たれ重傷を負ったというニュースをおぼえている人も多いと思います。パキスタンからイギリスの病院に運ばれて手術を受けたマララさんは、奇跡的に一命をとりとめ、退院後は家族とともにイギリスで暮らし、学校に通っています。

マララさんは、11歳のときに、武装勢力タリバン*の支配下にあったスワート渓谷《けいこく》で恐怖におびえながら生きる人びとの暮らしをＢＢＣ放送に投稿し、武装勢力による女子校に対する破壊活動を告発しました。当初は匿名での行動でしたが、その後パキスタン政府の支援も得て、実名で活動するようになった矢先、女子教育を否定する武装勢力の攻撃対象になってしまいました。

この事件を受けて、国連グローバル教育担当特使を務めるゴードン・ブラウン元イギリス首相は、マララさんとパキスタンにおける女子教育を支援す

＊マララ・ユスフザイ：１９９７年７月12日生まれ。人権活動家。父親は女子学校の元経営者である教育者。女の子と女性への教育の必要性や平和を訴える活動をつづけ、世界では「勇気ある少女」として称賛されているが、タリバンからは命を狙われている。

＊タリバン：１９９４年にアフガニスタン南部で活動を開始したイスラム原理主義組織。

国連でスピーチするマララさん（©Plan International/Alexandra Kensland Letelier）

る署名運動を世界中で展開しました。100万筆を超える署名が集まり、パキスタン政府に対してすべての女の子の教育を実現するよう求めました。また、パキスタン国内でも、市民団体が女の子への教育の拡充を訴えるマララさんの活動主旨に賛同する署名活動を展開し、120万人を上回る人びとが参加しました。

国際社会とパキスタン国内の声を受けて、国連とパキスタン政府は「マララ基金」*を創設し、パキスタン政府は、1000万ドル（約10億円）の資金を出し、女の子の教育支援に活用することを国連に約束しました。

その後、マララさんは、16歳の誕生日である2013年7月12日、ニューヨークの国連本部で力強い演説をおこないました。* そこには、世界80カ国以上から約600人の若者たちも参加しました。

「1人の子ども、1人の教師、1冊の本、そして1本のペン、それで世界をかえられます。教育こそがただ1つの解決策です。エデュケーション・ファースト（教育を第一に）」

ナビ・ピレイ国連人権高等弁務官は、「マララさんの勇敢なとりくみが、世界中の人びとの心を動かしました。マララさんの名において、いま、

＊マララ基金：2013年、国連とパキスタン政府が共同で創設。困難な状況におかれている女の子が教育を受けられるよう支援している。

＊マララさんの国連スピーチ全文：国連広報センター
http://www.unic.or.jp/news_press/features_backgrounders/4790/
（2014年9月アクセス）

世界の指導者や多くの人びとが立ちあがり、教育における大きな変化がパキスタンをはじめ、世界で起ころうとしています。しかし、マララさんと彼女のたたかいに報いるには、わたしたちはさらに大きな変化を求めてとりくむべきです。マララさんがうみ出した勢いを継続し、すべての女の子に教育を受ける権利が実現するよう立ちあがらなくてはいけません」と訴えています。

マララさんの活動は世界中で評価され、2013年、アムネスティ・インターナショナルによる「良心の大使賞」、欧州議会による「サハロフ賞」を、2014年には最年少でノーベル平和賞を受賞しました。マララさんは、自伝*をはじめとする執筆活動やシリア難民への教育支援活動など、その後も精力的に活動をすすめています。

ネパール政府から合意をとりつけたウルミラさん

第1章に登場したネパールのウルミラさんは6歳から17歳まで、住みこみ

＊自伝：『わたしはマララ：教育のために立ち上がり、タリバンに撃たれた少女』（学研パブリッシング、2013年）

の家事使用人「カムラリ」*として、教育を受けることもできず、無償で働かされていました。その後、家族のもとに戻ることができ、４カ月間の非公式教育プログラムに参加することもできました。ウルミラさんは一生懸命勉強に励み、小学校５年生に再入学し、奨学金をもらって高校まで修了することができました。

ウルミラさんは、プランによる「子どもクラブ」*の活動にも積極的に参加し、地域の女の子たちを「カムラリ」から守るために、路上劇や家庭訪問をとおした啓発活動にとりくんでいます。また、救出された女の子を保護する寄宿舎を設立し、女の子たちが新たな人生を歩むための支援をしています。１６００人が参加する「女の子の住みこみ家事労働廃止キャンペーン」ネットワーク代表としても活躍し、大統領や首相にも直接働きかける活動を実践しています。

２０１３年５月、ウルミラさんは仲間とともに、「カムラリ」の実態調査と女の子の権利を守ることを政府に要求する座りこみをおこないました。この最中、警官たちともみあいになり、ウルミラさんを含む数人がケガをして入院するという事態になってしまいました。

学校に通う元「カムラリ」の女の子たち

*カムラリ：第1章10ページ参照。

*子どもクラブ：およそ10歳から18歳の20人程度からなる子どもグループ。子どもの権利などを学び、自分たちをとりまく課題について何ができるかを考え、その解決に向けて啓発活動などにとりくむ。

しかし、その後、政府はウルミラさんたちとの対話を望む姿勢に転じ、何度かの協議の末、10項目の合意にいたることができました。そこには、「カムラリ」全員を解放すること、女の子たちに身分証明書を発行すること、奨学金を提供することなどが含まれています。

ウルミラさんたちの政府への働きかけによって、新たに「カムラリ」になる女の子の数は大きく減り、雇用主が「カムラリ」の女の子を解放するケースも増えてきました。また、政府の奨学金や学校からの支援により、「カムラリ」だった女の子が、教育を受けられるようになりました。

ウルミラさんは、「ネパール政府が、このようなすばらしい決断をするとは夢にも思わなかったので、とてもうれしく、政府には感謝しています。しかし、まだ油断はできません。政情は流動的ですから、せっかくの合意がきちんと守られるという保証はないのです。政府はこの合意を尊重し、監視をつづけてほしいです。わたし自身は、女の子の教育を推進し、識字率を向上させたいです。そのために、女の子と女性の味方になれる弁護士になるのが夢です」と話しています。

元「カムラリ」の女の子たちの自立のために活動するウルミラさん（左）

国連「女性の地位委員会」で女の子たちが発言

毎年3月8日は、国連が定めた「国際女性の日」です。毎年この時期に、女性の権利やエンパワーメントの促進を目的とした、国連「女性の地位委員会」が開催されます。国連加盟国の代表、国連の関係機関、NGOなどの市民代表が、ニューヨーク国連本部につどって協議を重ね、合意した内容は文書にまとめられます。そのなかでも大きな意味をもつのが、当事者である女の子たちの参加です。委員会は、プランなどの支援を受けて参加した女の子の代表たちが、自分自身の体験をもとに世界のリーダーたちに、女の子をとりまく状況を力強く訴えかける舞台になります。

2014年3月に開催された第58回国連「女性の地位委員会」のテーマは「女の子と女性に関するミレニアム開発目標の課題と成果」でした。パキスタンやマラウイから参加した代表の女の子が、「早すぎる結婚、強制的な結婚の撲滅」「女の子の教育とジェンダー平等」「新たな開発目標*における思春期の女の子の位置づけ」「女の子と男の子への暴力の防止」「ジェンダー平等

国連「女性の地位委員会」で発言するフマイラさん（パキスタン）

*新たな開発目標：第4章57ページ参照。

と女性のエンパワーメントを達成する安全な都市」などのテーマについて、課題や解決のための提言をおこないました。

パキスタンのフマイラさん（18歳）は、女子校が男子校に比べ少なく、先生も不足していて学習環境が整っていない現状があること、貧しさゆえに多くの女の子が小学校をやめて早すぎる結婚を強いられ、暴力の被害にあっていることを村の実例で語りました。そして、「ミレニアム開発目標（ＭＤＧｓ）」に続く、新たな目標にはつぎの３点を盛りこんでほしいと力強く訴えました。

①女の子が質の高い教育を受けられるようにすること
②女の子が就業機会を得られること
③女の子を暴力から守ること

また、マラウイのジャクリーンさん（15歳）は、親友が早すぎる結婚・妊娠をさせられ、健康上の大きなリスクを負ってしまったことを紹介し、国際社会が法整備や啓発活動をすすめ、早すぎる結婚を根絶しなければならないと訴えました。このような当事者である女の子たちの訴えによって、早すぎる結婚は、国際社会のとりくむべき重要なテーマとして認識され、２０１４

年6月の国連人権理事会で議論されました。

女の子たちの声は、

①早すぎる結婚の撲滅には、国際社会、国、コミュニティや家族などあらゆるレベルでのとりくみが必要であること

②国内法における結婚最低年齢を18歳へ引きあげること

③国内の法律の整備と司法制度を強化すること

④女の子も小学校、中学校を修了できるように教育を強化すること

⑤性と生殖に関する健康・権利について、男の子と女の子が知識を得る機会を提供すること

この5項目にまとめられ、国連人権理事会に届けられました。当事者である女の子たちの声は、世界のリーダーたちに届けられ、確実に世界をかえる大きな力になっています。

国連「国際ガールズ・デー」が制定された！

２０１１年12月19日、国連総会で、毎年10月11日を「国際ガールズ・

女の子の教育の大切さを訴える行進（ネパール）

「結婚は 18 歳になってから」と呼びかける女の子たち（モザンビーク）

デー」と制定することが正式に決定されました。この日は、世界中の人びとが女の子の権利を認識し、女の子のエンパワーメントをすすめることを目的に定められました。国連の記念日の1つとなったことには、2つの大きな意義があります。

①女の子をとりまく問題が、優先的に国際社会でとりくむべきグローバルな課題であるという認識がなされたこと

②毎年この日を記念して、世界各地で女の子の権利について認識を深め、前進するためのシンポジウムやイベントが開催され、多くの人びとが意識を高める機会になること

「国際女性の日」(3月8日)、「国際青少年デー」(8月12日)、「世界子どもの日」(11月20日)といった女の子に関連する国際デーに加え、「国際ガールズ・デー」が制定されたことによって、「性別」と「年齢」という二重の差別を受ける女の子たちの特有なニーズに、より焦点をあてることができるのです。

「国際ガールズ・デー」が正式決定されるまでには、さまざまな働きかけがありましたが、大きな後押しとなったのが、国連「女性の地位委員会」に

国際ガールズ・デー(10月11日)について学ぶ女の子(ニジェール)

参加した、プランの活動地域から集まった女の子たちの声でした。パキスタンやカメルーンなどの国ぐにから集まった当事者の女の子たちが、女の子であるがゆえの過酷な状況を語るとともに、世界のリーダーたちに「国際ガールズ・デー」の制定を力強く訴えたのです。

代表の１人、カメルーンのリル・シーラさんは、「家庭や社会において無視され、差別を受けている多くの女の子たちは、自分の権利についてあまりにも無知です。『国際ガールズ・デー』の制定によって、女の子たちは、自分たちに敬意が払われている、社会に貢献する力があると認めてもらえたと、勇気づけられるでしょう」と、「国際ガールズ・デー」制定の意義を主張しました。

また、２０１１年のノーベル平和賞受賞者である、リベリアの平和運動家リーマ・ボウイー*さんは、「『国際ガールズ・デー』の制定は、女の子の直面する問題に光をあてるでしょう。女の子たちは世界の未来であり、これらの問題に注目する必要がある、とメディアや政府、教育機関が気づくすばらしい日になることと思います」と、コメントしています。

２０１２年、第１回の「国際ガールズ・デー」には、世界各国でさまざま

ピンクに染まったピラミッドとスフィンクス（エジプト）

*リーマ・ボウイー：リベリアの平和活動家。著書に『祈りよ力となれ——リーマ・ボウイー自伝』（英治出版、２０１２年）

とりくみがなされました。日本では、国連広報センター、ガールスカウト日本連盟、プランの共催によるシンポジウムがおこなわれ、高校生をはじめ多くの人びとが参加しました。

各国では、代表的な建造物や観光名所をテーマカラーのピンクに彩《いろど》るというイベントが実施されました。ロンドン・アイ（イギリス）、ナイアガラの滝（カナダ）、ピラミッド（エジプト）、人魚姫の像（デンマーク）などがピンクに染まり、「国際ガールズ・デー」の存在をアピールしました。

２年目を迎えた２０１３年は、日本では約20の国際機関、ＮＧＯ、教育機関、企業、ジャーナリストからなる「国際ガールズ・デー推進ネットワーク」が立ちあがり、さらに活動が広がりました。

「国際ガールズ・デー」記念イベントでは、出席した外務省の国際協力局地球規模課題総括課企画官に、プランの呼びかけに応じて寄せられた国内８万５２３９件のRaise Your Hand*と、「すべての子ども、とくに女の子が、小学校、中学校を修了できるように、政府開発援助（ＯＤＡ）における女子教育支援への増額」を求める提言書を手渡しました。

日本政府からは「ＮＧＯとの連携を重視しながら、基礎教育や女性のエン

外務省の企画官にRaise Your Handの写真と署名を提出するイルムさん（撮影：千葉充）

＊Raise Your Hand：２０１２年にプランによりスタートした参加型アクション。世界の女の子の教育とエンパワーメントの実現のために、手をあげる姿をとおして国際社会に働きかける。また、教育を受けられていない女の子や、その家族やまわりの人たちに「女の子にも教育を受ける権利がある」ことをアピールする。

パワーメント分野において、ＯＤＡをはじめとする国際貢献を着実に実施していきたい」と、世界の女の子の教育改善に向けて積極的に貢献する意思表明がなされました。

「国際ガールズ・デー」が、国連の記念日の１つとして定められたことをきっかけに、「この日は、わたしたちの日！」と勇気づけられた女の子たちが、世界各国で立ちあがり、声をあげています。

「女の子への支援」は、開発目標の重要課題

国際社会の共通目標としてミレニアム開発目標（ＭＤＧｓ）が設定されて以降、世界の国ぐにと人びとはその実現に向けてとりくんできました。ＭＤＧｓは、国際社会の課題に対して、８つの目標を掲げ、２０１５年までに達成するという期限を設けています。

８つの目標とは、つぎのとおりです。
①極度の貧困と飢餓の撲滅

ＭＤＧｓ達成に向けて「立ちあがろう」と呼びかけるパレード（日本）

②初等教育の完全普及の達成
③ジェンダー平等の推進と女性のエンパワーメント
④乳幼児死亡率の削減
⑤妊産婦の健康状態の改善
⑥HIV／エイズ、マラリア、その他の疾病の蔓延防止
⑦環境の持続可能性の確保
⑧開発のためのグローバル・パートナーシップの推進

どの目標においても、「③ジェンダー平等の推進と女性のエンパワーメント」がかかわるという認識のもとに、世界各国でとりくみがすすめられてきました。

２０１０年９月には、国連本部で約１４０カ国が参加したミレニアム開発目標首脳会議が開催され、目標がどのくらいすすんでいるか、すすんでいないのならどういう課題があるかが検証されました。

その結果、多くの国ぐにで、貧困人口の減少、就学率の向上、健康状態においで大きな改善がみられましたが、一方では母子保健に関しては遅れが目立つことが指摘されました。また、成果は分野や国・地域によって異なり、

MDGs「③ジェンダー平等の推進と女性のエンパワーメント」を訴えるパレード（日本）

おなじ国内でも都市部と地方、民族や社会的階層によってもばらつきがあることが明らかになりました。

「③ジェンダー平等の推進と女性のエンパワーメント」に関しては、小学校での男の子と女の子の就学率が、ほぼ同数になるなどの前進がみられました。一方では、もっとも富裕層に属する家族を含め、女の子のほうが男の子より小・中学校に通えない確率が高いということもデータで示されました。さらに、決定権のうえでの男女格差が大きく、政治レベルから、家庭内の決定にいたるまで、女性は依然として、自分の暮らしに影響する決定に男性と平等の立場で参加する機会をうばわれているということが明らかになりました。

２０１３年９月の国連総会では、残りの２年間で力を入れてとりくまなければならない項目が協議され、ＭＤＧｓ期限後の２０１５年から２０３０年の15年間に、国際社会がとりくむべき目標についての協議がすすめられました。

新たな開発目標*の策定にあたっては、国連だけでなく、市民社会、教育・研究機関、民間企業を含むさまざまな関係者が積極的にかかわっています。

*新たな開発目標：第４章57ページ参照。

そして、さまざまな関係者から「女の子」をとりまく状況改善に向けた支援の重要性が打ち出されています。

日本においては、70以上の団体が加盟するNGOネットワーク「動く→動かす*」が「ポスト2015年開発枠組みに向けた5か条の提言」のなかで「すべての目標にジェンダーの視点をとりいれ、差別や暴力の克服を含む女性のエンパワーメントに関する個別目標も設定する」と訴えています。このように、2015年まで、そしてその後も「女の子への支援」は、世界が注目してとりくむグローバルな課題なのです。

＊動く→動かす：2009年3月に設立されたNGOネットワーク組織。現在70以上の団体が加盟。世界の貧困問題の解決を目指す国連ミレニアム開発目標の達成に向け、政策提言活動とキャンペーン活動を展開している。ユニークな名称には、「一人ひとりが『動く』ことで、世界を『動かす』」という意志が込められている。著書に『ミレニアム開発目標　世界から貧しさをなくす8つの方法』（合同出版、2012年）がある。

第8章
日本の女の子のいま、そして未来は!?

ジェンダーの成績表が悪い日本!?

これまで、途上国の女の子の現状や課題についてお話してきました。ふり返ってわたしたちの国、日本はどうでしょうか?

世界経済フォーラム*が報告する「グローバル・ジェンダー・ギャップレポート」では、毎年、各国における男女格差を測るジェンダー・ギャップ指数を発表しています。ジェンダー・ギャップ指数は、経済、教育、政治や保健のデータにもとづいて作成され、総合的に判断されます。男女格差が少ない国ほど上位にランクづけされますが、2013年、日本は136カ国中105位でした。先進国とよばれ、経済的に豊かで社会インフラが整っている国で、これほど下位にランクされた国(男女格差が大きいとされた国)は、日本だけです。

日本が大きく順位をさげている理由は、政治と経済分野における女性の進出の遅れです。

政治に関しては、2014年の「列国議会同盟(IPU)」の報告書によ

＊世界経済フォーラム：世界中の大企業約1000社が参加する非営利財団のこと。本部は、スイスのジュネーブ。

＊国会議員に占める女性の割合：調査は2014年1月時点の衆議院における女性議員数にもとづいている。

＊女性の管理職：出典 内閣府男女共同参画局「民間企業における管理職（従業員100人以上）」

ると、日本は国会議員に占める女性の割合＊が約８％で世界平均の20％を下回り、１８９カ国中の１２７位と、先進国では最低だったことがわかりました。

経済分野では、１００人以上の民間企業における女性の管理職は４・９％にとどまっています。＊さらに、女性の25～54歳の就業率をほかのＯＥＣＤ＊諸国と比較すると、日本は30カ国中22位と低く、働いている女性が少ないことがわかります。なぜなら、就職した女性の60％が、第１子の出産を機に退職＊するからです。

給与面の男女格差もあります。「男女共同参画白書　平成25年度版」によると、女性は男性の給与水準の約70％しか得ていません。年収７００万を超える所得があるのは男性全体で18％ですが、女性全体では２・８％しかいません。

教育分野では、識字率の男女比、初等・中等教育の就学率は男女おなじで、「男女格差のなさ」が、世界１位です。しかし、高等教育（大学以上）になると、１位から98位にいきなり転落します。進学率の差に加えて、就職に有利な社会科学系の専攻は、男子学生が占める割合が高いからです。＊

http://www.gender.go.jp/research/kenkyu/sankakujokyo/2013/pdf/2-a-3-4.pdf（２０１４年８月アクセス）

＊ＯＥＣＤ：先進工業国によって構成される経済協力開発機構。国際経済全般について協議することを目的とする。加盟国は日本を含む34カ国。

＊60％が出産を機に退職：出典「第14回出生動向基本調査」（厚生労働省、２０１０年）。子育て世代の30代男性の５人に１人が週60時間以上の長時間労働をしていることで、男性が育児に参加できないことも大きな原因。（２０１３年版「少子化社会対策白書」より）

＊専攻分野での男女のかたより：専攻分野別大学における女子学生の占める割合は社会科学（33・6％）、理学（26・2％）、工学（12・3％）と低い。一方で文学、歴史、哲学などの人文科学分野は65・8％、教育は59・1％と高くなっている。出典　内閣府男女共同参画局「専攻分野別に見た学生（大学（学部））の割合（男女別、平成25年）」
http://www.gender.go.jp/about_danjo/whitepaper/h26/gaiyou/html/honpen/b1_s05.html（２０１４年９月アクセス）

日本にもある、女の子の生きづらさや女の子への偏見

どうして、日本のジェンダー格差はこんなにも大きいのでしょうか？

「将来の稼ぎ手は男の子で、女の子は、お嫁さんになって家事と育児をするのがいちばん幸せな生きかた」

女の子たちはいまでも日々、そんなメッセージを家庭や社会から受けとっていると、昭和女子大学の福沢恵子教授は指摘します。

これは戦後、国の政策で定着した「お父さんが1人で稼ぎ手となり、お母さんは家事を一手に引き受けつつ子どもたちを育てる」という家庭モデル*にもとづいています。このモデルは、日本の高度経済成長を支えたものの、バブル経済が崩壊した後の１９９０年代半ばから破綻しはじめています。雇用制度の変化にともない収入の格差が広がったこと、少子高齢化で労働力が不足しているなど、社会や経済の状況がかわってきたためです。

＊家庭モデル：夫婦に子どもが2人という近代家族のモデルは、働くお父さんを専業主婦のお母さんが支える、というもの。男性は家族を養うために外で働き、女性は家事・育児・介護をするものという性別役割分業が前提。このモデルの定着を受け、１９７５年には女性の労働力率が戦後、最低になった。

＊男女雇用機会均等法：仕事の面で、性別を理由に差別があってはいけない、ということを定めた法律。１９８６年施行。しかしこれでは不十分という理由で、１９９７年に大幅に改正された。正式には、「雇用の分野における男女の均等な機会及び待遇の確保等に関する法律」という。

しかし、いまでも性別で決められた役割分担が、社会のしくみや人びとの意識に浸透していて、女の子や女性の社会進出をはばんでいるのです。

たとえば、1986年に男女雇用機会均等法*が施行されましたが、厚生労働省や文部科学省は、依然として就職や就労における女性への差別的な慣行や基準が残っているとして、継続的に男女雇用機会均等法の趣旨に沿った採用活動をおこなうよう企業側に改善の要請をおこなっています。

そして、もう1つの要因として、ロールモデル（お手本）がいないために女の子が将来の目標を定めにくいと、福沢教授は分析しています。

「女の子たちの目には、独身で働きつづける女性たちがとても大変そうに映ります。一方で、働くお母さんが仕事と家事・育児に忙殺される姿をみて『わたしには無理』と思ってしまいます。かといって、専業主婦の女性をみても自己実現という点で満たされているのか疑問符がつきます。幸せそう、すてき、と思える女性の生きかたが見当たらないのです」

もう1つ、ショッキングなデータがあります。一般的に、思春期の女の子の「自己肯定感*」は男の子より低くなる傾向にあるというのです。これが、女の子のエンパワーメントをはばんでいると考えられます。

■自己肯定感　男女別学年推移

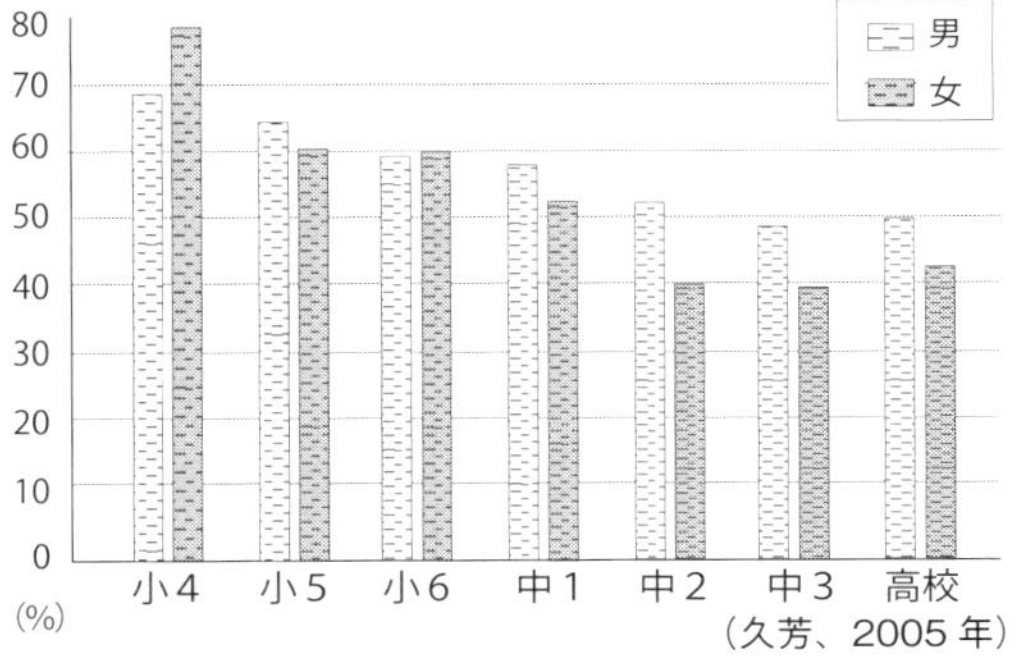

（久芳、2005年）

＊自己肯定感：「自分自身のありかたを概して肯定する気持ち」のこと。自分の決断を信じて、行動する原動力になる。日本では、小学校4年生までは男の子より高かった女の子の自己肯定感が、学年がすすむにつれて大幅に低下する。図参照。

公益社団法人ガールスカウト日本連盟の関由加里さんは、「女の子にとって、小学校の高学年くらいから、外見をはじめとしてほかの人からの視線を意識せざるをえないような時期を迎えます。男の子は失敗しても、みんなが笑ってくれて、ムードメーカーやクラスの人気者になることがあります。でも、女の子のばあいは主役にならなくてもよいという暗黙の雰囲気が、学校や社会のなかに存在するからではないでしょうか」と話しています。

つまり、「男の子が主役で、女の子はサポート役」という空気が、女の子の自己肯定感を押しさげる要因の1つといえます。

このように、日本の女の子の問題は、政治と経済分野だけではなく、日常生活のなかにも存在しています。

その代表的なもので、緊急の対策が必要とされているのが、「デートDV」です。これは恋人同士、学生や若い世代で起こる暴力のことです。殴るなどの身体的なものだけではなく、罵倒《ばとう》したり束縛したりするなどの精神的なもの、性的暴力、さらに金銭の要求なども含みます。内閣府男女共同参画局の調査*によると、女性は13・7%、男性は5・8%の人が、交際相手から被害を受けたことがあると回答しました。

＊内閣府男女共同参画局の調査：「男女間における暴力に関する調査」。2011年、全国20歳以上の男女5000人を対象に調査。被害者は男性に比べて女性が多くなっている。

内閣府は「女性に対する暴力の根底には、女性の人権の軽視があることから、女性の人権の尊重のための意識啓発や教育の充実を図る」と明言し、自治体や支援団体などは、さまざまな対策*をおこなっています。女性の人権が軽くみられたり、社会進出をはばまれるという問題は、途上国の女の子や女性が直面している問題とおなじということがみえてきます。

はじまった、日本の女の子のエンパワーメント

内閣府は2013年、「2020 30*（にいまるにいまるさんまる）」という目標を打ち出しました。これは、2020年までに政治や企業など社会のあらゆる分野での指導的地位に女性が占める割合を少なくとも30％にしようというものです。少子高齢化時代を迎えたいま、国が活力をとり戻すには女性をとりまく問題を解決し、女性に社会で活躍してもらう必要があると、国が考えているからです。

そのための人材を世におくり出そうと、国や大学などが女の子のエンパワーメントをすすめる方策*をつぎつぎに実施しています。

＊さまざまな対策：地方自治体では、相談窓口を設け、「デートDV冊子」の作成や「デートDV予防講座」をとおした啓発活動や予防活動を実施。神奈川県では、地方自治体ではじめて「デートDV110番」を設けた。（電話番号：0120-51-4477、毎週火曜日18時〜21時。毎週土曜日14時〜18時。年末年始をのぞく）

＊2020 30：内閣府男女共同参画局が推進。『2020 30』の目標を社会全体で共有するとともに、その達成のために官民を挙げて真剣にとりくんでいかなければならない」

＊エンパワーメントをすすめる方策：厚生労働省は、女子高校生と女子大学生に向けた就業やキャリアプランのための支援を実施。就労に関する相談窓口も設けている。

昭和女子大学では、「社会人メンター制度」を導入。約300人の働く女性が、学生たちのメンター（指導者）として登録され、職業選択や生き方などのアドバイスをする。ガールスカウトでは、女の子だけのキャンプやディスカッション大会を実施。力仕事や意思決定など、通常の学校生活では男の子の担当とされがちな作業も女の子だけでおこなう。

当事者である日本の女の子たちも、元気に立ちあがっています。現役の女子高校生からなる「女子高校生未来会議*」は、おなじ女子高校生たちに各界で活躍する女性のロールモデルに出会う場を提供し、つながりあって社会をかえていくためのコミュニティづくりをおこなっています。

いま、まさに日本の女の子がエンパワーメントされ、自己実現するための追い風が吹いているのです。

＊女子高校生未来会議：2013年10月1日設立。2013年12月26日、衆議院第一議員会館（東京・千代田区）で、「女子高校生100人×女性のロールモデル」をテーマにイベントを開催。女子中高生が150人以上集まり、女性政治家や大手企業の副社長、女子大学の学長、国際NGOで活躍する女性らとディスカッションした。

代表（当時）の町田さんがロールモデルたちに質問（女子高校生未来会議）

第9章

わたしたちにできること

世界の女の子たちのこと、もっと学んで知ってみよう

世界中で困難に直面しながらも、負けずにがんばっている女の子たちを、わたしたちは日本からどのように応援できるのでしょうか。

プランの支援者でもある作家の角田光代《かくたみつよ》*さんは、マリやインドなどにあるプランの活動地域で、そこに暮らす女の子たちの声を聞き、それをルポルタージュとして発表しています。

「『知る』ということは、『なんとかしたい』と思うことで、『なんとかしたい』と思うことは、わたしのなかでは、『かかわる』ということである」*

角田さんの言葉にあるように、応援の第1歩は、「知ること」です。世界の女の子の現状を知ることで、わたしたちは女の子たちが何を必要としているのかを、より現実に即した形で考えることができます。それには、つぎのような方法があります。

①関連の本を読む：「世界の女の子のことを学べる本リスト」（141ペー

*角田光代：1967年、神奈川県生まれ。1990年に「幸福な遊戯」で海燕新人文学賞を受賞しデビュー。その後『対岸の彼女』（直木賞）、『八日目の蝉』（中央公論文芸賞）、『ツリーハウス』（伊藤整文学賞）、『紙の月』（柴田錬三郎賞）など著書多数。

*『Because I am a Girl――わたしは女の子だから』（英治出版、2012年）より引用。詳細は141ページを参照。

ジ参照）から気になるものを選んで読んでください。

②ＮＧＯなどのイベント＊に参加する：世界の女の子のために活動しているＮＧＯなどが主催するイベントや活動説明会に参加してみましょう。最新の動きや、現場のリアルな話を聞くことができます。「世界の女の子を応援したい！」と思っている仲間＊に出会えるかもしれません。

小さなアクションを起こそう！

「知ること」ができたら、つぎは何らかの形で、世界の女の子に「かかわって」みましょう。どんな小さなことでも、かかわってみることが応援の第2段階です。

①ボランティアに参加する：イベントの運営ボランティアや、翻訳ボランティアなどをとおして、女の子の問題をより深く知ることができます。

②広報大使になる：支援団体の資料を、公民館などの公共スペースや近所のお店や病院などにおいてもらったり、FacebookやTwitterなどで世界の女の子の情報を広めることができます。また、学生であれば学園祭などで、

＊イベント：プランの呼びかけでNGOや大学、企業などによって結成された「国際ガールズ・デー推進ネットワーク」では、毎年9～10月になると、イベントや講演会を企画している。
https://www.facebook.com/2013GirlsDayNet

＊仲間：世界の女の子の問題について理解を深める連続講座「プラン・アカデミー」（全8回）の参加者たちはその一例。グループになって高校で出前授業をするなど、講座への参加をきっかけに支援活動の輪を広げる仲間を得ている。

社会人であれば職場のランチタイムや、業務終了後の時間などを活用して、写真展や映像上映会、勉強会をあなたが主催することもできます。支援団体では、独自の写真パネルや動画、教材*などを用意しています。

２０１３年、共立女子第二中学校高等学校（東京都）の生徒会は、パキスタンのスラムに暮らす女子大学生イルム・ヌールさんを学校にまねき、講演会と交流会を主催しました。イルムさんは、プランの若者クラブに参加し、リーダーシップやコミュニケーションスキルを身につけることができた体験を語りました。当日の司会や受付を担当したのは、すべて生徒のみなさんでした。こうしてまわりの人たちの「知る」を後押しできれば、あなたも立派な広報大使です。

③仲間と楽しみながら寄付する：支援団体のサポーターや会員として寄付をすることに加え、仲間と企画したイベントなどをとおして寄付をすると、より楽しく、支援の輪が広がるかもしれません。

西町インターナショナルスクール（東京都）の中学生３人は、手づくりのおかしの販売会を学校内で開催し、売り上げをプランに寄付しました。また、書き損じはがきを集めて寄付をする活動*に参加する学校も増えてきまし

＊教材：プランでは、世界の女の子の現状を学べる教材、「女の子にはチカラがある〜未来を創るジェンダー教育〜」（写真右）を頒布。また、ユース向け教材「世界を変える若者のチカラ」（写真左）も無料配布。

＊書き損じはがき・未使用はがきキャンペーン：書き間違えてしまったり、余ったりしたはがきを集めて、寄付につなげる活動。昭和女子大学（東京都）や南山大学（愛知県）などが参加。

た。

④買い物をとおして支援をする：「この売り上げの一部はアフリカの子どもたちの生活環境向上に役立てられます」などと書かれた商品をみかけたことはありませんか。これは、売り上げの一部を国際協力や地域活動のために寄付するという、企業の社会貢献活動の一環です。

企業はビジネスを長く継続させていくには、自分たちのモノやサービスを買ってくれる消費者が暮らす社会、また原料を買いつけたり、工場をおいたりしている地域を健全に保っていく必要があることを知っています。そのため、多くの企業が、地域や世界に貢献することをとりくむべき目標として掲げるようになっています。寄付つき商品もその１つの方法なのです。

最近ではＴシャツ、アクセサリー、おかしなどを買うことで、寄付も同時にできる商品がたくさんあります。楽しんだり、きれいになったりしながら世界の女の子を応援するアクションなら、きっと長くつづくはずです。

共立女子第二中学校高等学校の生徒とイルム・ヌールさん

西町インターナショナルスクールの中学生がつくったブラウニーやクッキーなど４種のおかしが描かれたポスター

世界の女の子の問題は、あなたの問題でもある

世界で女の子たちが直面している問題は、あなた自身が気づかないうちに日常で向きあっている問題でもあります。

日本では13歳で結婚させられることはないでしょう。中学校をやめてきょうだいの世話をさせられることもないでしょう。しかし、「女の子だから」という理由でチャンスを制限されたり、自己肯定感をもてない状況を強いられたり、という場面はたくさんあるのです。

そして、その原因の根っこは、日本も世界もおなじです。女の子への偏見や思いこみです。それは、遠い海の向こうのできごとではありません。

実は、国会議員に占める女性の比率*は、パキスタンやネパールのほうが、日本よりずっと高いのです。つまり、「アフリカやアジアの女の子はかわいそう」という気持ちだけでは、問題の本質を見落としてしまいます。

どの国の女の子たちも力をもっていて、それを発揮するべく努力をし、声をあげています。その活躍ぶりは、すでにご紹介したとおりです。「世界の

＊女性議員の比率：日本の女性8%、男性92%に対し、パキスタンでは女性20%、男性81%。ネパールでは女性33%、男性67%。また、ジェンダー・ギャップ指数では、フィリピンは136カ国中5位、中米のニカラグアは10位と、105位の日本よりずっと上位にランクづけされている。（「グローバル・ジェンダー・ギャップレポート2013」世界経済フォーラム）

女の子たちと知恵を出しあい、協力していっしょに問題を解決していく」という、同志としての姿勢こそが必要なのです。

先進国、途上国のへだてなしに女の子同士が協力したら、その元気なパワーは、世界を圧倒するかもしれません。

一方で、教育環境や保健サービスなどの面では、日本の女の子は世界基準からみてもとても恵まれているのは事実です。まずは、いま自分がいるその場所で、あなたの力を発揮してみませんか。

たとえば、将来なりたい職業について調べてみる、スポーツに打ちこんでみる、リーダーに立候補してみるなど、小さな積み重ねが「日本の女の子は元気だね。わたしたちにだっておなじことができるはず」と世界中の女の子の希望につながるかもしれません。日本の女の子が世界のお手本になったら、かっこいいですね。

男の子にできることもたくさん！

もし、この本を読んでくれているあなたが男の子（男性）だったら、この本から女の子だけではなく、男の子や男性もさらに自由や選択肢を得ていくことができると知ってもらえたらと思います。

女の子への差別や偏見は、同時に男の子をも追いつめていること、そして女性と上手に人間関係を築ける男性ほど幸せになること、男性の協力がなければ、女性が直面している問題は解決できないことは、お伝えしてきました。これは、日本においてもおなじことがいえます。

内閣府のデータによると、2013年の日本の年間自殺者数*は約2万7000人にのぼります。いずれの年代でも、男性の自殺者数が女性の自殺者数を大きく上回っており、男性だけをみると40代、50代がほぼ同数でそれに60代、30代がつづき、働き盛りの男性の自殺者が多いことがわかります。

その原因は、「健康問題」につづき「経済・生活問題」が多く、「女は、家事・育児をするもの」という偏見と常にセットになっている「男は、家族を養うもの」という社会規範が男性を追いつめている現状がみえます。

一方で近ごろでは、子どもとのふれあいに幸せを感じ、育児に積極的に参加する男性も増えてきました。

「女の子の問題=男の子の問題、女の子の幸せ=男の子の幸せ」と考えて

*日本の年間の自殺者：出典「平成25年中における自殺の状況」（内閣府自殺対策推進室　警察庁生活安全局生活安全企画課、平成26年）

女の子と協力しあいませんか？　プランの学生グループ*には男子学生も所属していて、世界の女の子の問題を解決しようとさまざまな活動を展開しています。

「近ごろは女の子のほうが強くて、男の子は肩身がせまい」という話もたくさん聞きます。個人の資質や性格としてそのようなこともあるかもしれませんが、学校や職場という社会のシステムのなかでみたときに、やはり女の子や女性は男の子や男性よりも、あきらめなければならないことが多いのも事実なのです。

ぜひ、アクションを起こしてみませんか。それはあなたが女の子でも男の子でも、女性でも男性でも、あなた自身の人生の選択肢を豊かにしてくれるはずです。

＊プランの学生グループ：G-SChooL。「学校に通えない」「結婚を強いられる」など、女の子たちが直面する問題を、ゲーム形式で伝える「人生ゲーム」の「途上国の女の子版」を開発。大学の教授や国際協力サークルに呼びかけて授業に採用してもらった。また、学生イベントなどで講演活動もしている。

あとがきにかえて

この本を読んでくださったみなさん、おなじ地球上に、おなじ時代に生きる、同世代の女の子の現状をどのように受けとめたでしょうか。当事者である女の子たちが、問題を乗り越え、人生を切りひらいているパワーに何を感じたでしょうか。世界中の女の子と男の子が協力しながら、もっと自由でもっと豊かな世界をつくるビジョンに何を学んだでしょうか。

この本を執筆中の２０１４年４月、ナイジェリアで２００人以上の女子中学校の生徒たちが誘拐され、さらに５月初めには別の女の子たちも誘拐されるという事件が起きました。「ボコ・ハラム」という組織が、犯行声明のなかで、女の子たちを「奴隷」として拘束しており、「花嫁として売り飛ばす」と宣言したのです。彼らは「女の子たちは、教育を受けるのをやめて結婚すべき」と主張しているという報道がなされました。

また、日本においても同年６月に、東京都議会で晩婚化や晩産化について質問した女性議員が「自分が早く結婚すればよい」、そして「自分はうめないのか」と、男性議員からヤジを飛ばされるという事態がありました。

これらは、この本で記した女の子や女性への差別や偏見が、あからさまな形であらわれたものにほかなりません。一方で、これまではさまざまな形で見過ごされてきた問題に対し、多くの人びとが「絶対ゆるしてはいけないこと」として声をあげたことは、国際社会のこの問題に対する「本気度」を示すものになりました。いまや「女の子だから」「女性だから」という差別や偏見は、国際社会では通用しないのです。

日本では、この本で紹介したような、「女の子だから学校に行けない」「女の子だから早すぎる結婚を強いられる」「女の子だから家事使用人として労働させられる」などということはありません。しかし、ジェンダー・ギャップ指数が示すとおり、また都議会でのヤジに象徴されるように、日本にも多くの「女の子だから」「女性だから」という問題があるのです。

「女の子だから……」という言葉や考えかたに違和感を覚えたら、しかたがないこととあきらめずに、その原因を考えてみてください。そして、解決に向けて一歩をふみ出してみてください。声をあげることで、仲間がみつかり、何かがかわるかもしれません。身近なことをかえることが世界をかえることにつながるのです。

「女の子だから……」その後にくる言葉は、わたしたちの力でかえられる未来です。女の子、男の子、女性、男性、すべての人びとが手をとりあって、ともにできることをすすめていきましょう。

国際NGOプラン・インターナショナル　久保田恭代・寺田聡子・奈良崎文乃

世界の女の子のことを学べる本リスト

『世界の女性問題①～③』――関橋眞理［著］、汐文社、2014年
『女の子の幸福論 もっと輝く、明日からの生き方』――大崎麻子［著］、講談社、2013年
『世界女の子白書』――電通ギャルラボ［編］国際協力NGOジョイセフ［監修・協力］、木楽舎、2013年
『武器より一冊の本をください 少女マララ・ユスフザイの祈り』――ヴィヴィアナ・マッツァ［著］横山千里［訳］、金の星社、2013年
『わたしはマララ：教育のために立ち上がり、タリバンに撃たれた少女』――マララ・ユスフザイほか［著］金原瑞人＋西田佳子［訳］、学研パブリッシング、2013年
『祈りよ力となれ――リーマ・ボウイー自伝』――リーマ・ボウイーほか［著］東方雅美［訳］、英治出版、2012年
『Because I am a Girl――わたしは女の子だから』――アーヴィン・ウェルシュほか［著］角田光代［訳］、英治出版、2012年
『砂漠の女ディリー』――ワリス・ディリー［著］武者圭子［訳］、草思社、2011年（文庫版）
『ハーフ・ザ・スカイ』――ニコラス・D・クリストフほか［著］北村陽子［訳］、英治出版、2010年
『貧しい国で女の子として生きるということ――開発途上国からの5つの物語』――プラン・ジャパン［編集協力］、遊タイム出版、2010年
『花嫁を焼かないで』――謝秀麗［著］、明石書店、1990年

おといあわせ

◆プラン・インターナショナル

子どもの権利を推進し、貧困や差別のない社会を実現するために世界70カ国以上で活動しています。国連に公認・登録された国際NGOです（本部：イギリス）。

◆ Because I am a Girl

プランが2007年からおこなっているキャンペーン。女性であること、そして子どもであることの二重の差別ゆえに、さまざまな困難に直面する世界の女の子たちの問題を訴え、彼女たちが「生きていく力」を身につけ、途上国の貧困が削減されることを目指しています。

◆プラン・スポンサーシップ

途上国で暮らす子ども（チャイルド）を見守りながら、その家族や地域全体につながる生活環境の改善をお手伝いします。

チャイルドからの手紙の返信などが届いたり、活動地域を訪問し、チャイルドやその家族と対面したりできます。

寄付月額：3000円、4000円、5000円から選べます（チャイルド1人あたり）

◆ Girl's Project への継続支援

貧困のなかで、社会的にも経済的にも、より困難に直面している女の子たちの問題を解決するためのプロジェクトを継続的に支援します。

寄付月額：1000円（1口）から支援ができます。

これまでにパキスタンでの女子教育支援、ネパールでの早すぎる結婚対策などをおこなっています。

◆イベント情報など

プランやBecause I am a Girlキャンペーンの最新の動きは、以下のウェブサイトにてお知らせしています。上映会や途上国の女の子を招聘してのシンポジウムなどのイベント情報もこちらからご覧ください。
プラン ウェブサイト https://www.plan-international.jp/

公益財団法人プラン・インターナショナル・ジャパン
〒154-8545
東京都世田谷区三軒茶屋2-11-22
サンタワーズセンタービル10F & 11F
TEL：03-5481-0030
Email: hello@plan-international.jp

＊この本の売上の一部はプランの活動に寄付されます。

■執筆者紹介

久保田恭代（くぼた・たかよ）
公益財団法人プラン・インターナショナル・ジャパン コミュニケーション部。静岡県生まれ。慶應義塾大学文学部英米文学科卒。大学卒業後、出版社勤務。女性向け生活情報誌の編集者を経て、プランに入局。Because I am a Girl キャンペーンの日本でのフォーカル・ポイントを務め、グローバルな動きを日本で発信する。

寺田聡子（てらた・あきこ）
公益財団法人プラン・インターナショナル・ジャパン プログラム部。秋田県生まれ。津田塾大学学芸学部英文学科卒。大学卒業後、プランに入局。プログラム部にて、プランが現地事務所とともに実施する個人・企業・公的資金を含む教育・保健などのプログラム形成・進捗・評価を担当。Girl's Project の主担当として、現場に足を運んでいる。

奈良崎文乃（ならさき・ふみの）
公益財団法人プラン・インターナショナル・ジャパン コミュニケーション部。東京都生まれ。日本福祉大学大学院国際社会開発研究科修士課程修了。大学卒業後、銀行勤務を経て、プランに入局。日本の中高生・大学生に、世界の女の子の現状・可能性を伝える教材開発、出張授業、ユース参加企画に取り組んでいる。

■協力

福沢恵子
ジャーナリスト、公益財団法人 日本女性学習財団理事

■組版・図版　山林早良

わたしは13歳、学校に行けずに花嫁になる。
――未来をうばわれる2億人の女の子たち

2014年10月10日　第1刷発行
2019年 9 月20日　第5刷発行

著　者　公益財団法人プラン・インターナショナル・ジャパン
　　　　久保田恭代・寺田聡子・奈良崎文乃
発行者　上野良治
発行所　合同出版株式会社
　　　　東京都千代田区神田神保町1-44
　　　　郵便番号　101-0051
電話　03（3294）3506
FAX　03（3294）3509
振替　00180-9-65422
ホームページ　http://www.godo-shuppan.co.jp/
印刷・製本　株式会社シナノ
■刊行図書リストを無料進呈いたします。■落丁乱丁の際はお取り換えいたします。

ISBN978-4-7726-1214-2 NDC360 210×148

＊別途消費税がかかります。

「いのち」を大切にされない世界の子どもたち

大好評発売中!

990円のジーンズがつくられるのはなぜ?
ファストファッションの工場で起こっていること

長田華子〔著〕　●1400円

「世界の縫製工場」バングラデシュには、世界中の有名アパレル企業から大量に注文が殺到する。月給4000円ほどで働く女性たちの生活から、世界のグローバル化の現実が見えてくる。

子どもたちにしあわせを運ぶチョコレート。
世界から児童労働をなくす方法

白木朋子（ACE）〔著〕　●1400円

みんな大好きなチョコレート。だが、原料となるカカオの広大な畑では、今もおおぜいの子どもたちが過酷な労働を強いられている。児童労働のないチョコレートを広めていこう!

妹は3歳、村にお医者さんがいてくれたなら。
わたしたちが900万の人びとに医療を届けるわけ

国境なき医師団日本〔編著〕　●1400円　サヘル・ローズさん推薦!

紛争、貧困、女性の低い地位…。さまざまな理由で最低限の医療すら受けられない人びとがいる。国境なき医師団日本のスタッフが体験した、世界の人道危機の状況と医療援助の現実。

ぼくは8歳、エイズで死んでいくぼくの話を聞いて。
南アフリカの570万のHIV感染者と140万のエイズ孤児たち

青木美由紀〔著〕　●1300円　北澤豪さん推薦!

両親をエイズで失い、自らもエイズを発症し亡くなっていく南アフリカの子どもたち。南アフリカ共和国の真実を知り、いま私たちにできることは何かを考えていこう。

わたし8歳、カカオ畑で働きつづけて。
児童労働者とよばれる2億1800万人の子どもたち

岩附由香+白木朋子+水寄僚子（ACE）〔著〕　●1300円　池田香代子さん推薦!

サッカーボールを縫っていたインドのソニアちゃん、8歳の売春婦、フィリピンのピアちゃん、借金のかたに働かされるインドの少年。原因から解決の糸口まで、児童労働のことがよくわかる入門書。

ぼくは13歳　職業、兵士。
あなたが戦争のある村で生まれたら

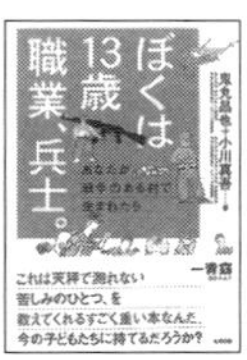

鬼丸昌也+小川真吾〔著〕　●1300円　一青窈さん推薦!

毎年50万人、毎分1人の命が小型武器によって失われている。武器を持たされ兵士として戦わされているのは子どもたちだ。この絶望的な問題をまず理解しよう。